农村教研团队建设和教研实践模式研究

吴彬　任蕾◇著

安徽师范大学出版社
ANHUI NORMAL UNIVERSITY PRESS
·芜湖·

图书在版编目(CIP)数据

农村教研团队建设和教研实践模式研究 / 吴彬,任蕾著.— 芜湖:安徽师范大学出版社,2021.5

ISBN 978-7-5676-4906-4

Ⅰ.①农… Ⅱ.①吴… ②任… Ⅲ.①乡村教育-研究-中国 Ⅳ.①G725

中国版本图书馆CIP数据核字(2021)第071679号

农村教研团队建设和教研实践模式研究　　吴彬　任蕾◎著

NONGCUN JIAOYAN TUANDUI JIANSHE HE JIAOYAN SHIJIAN MOSHI YANJIU

责任编辑:陈　艳　李晴晴　　责任校对:陈贻云　晋雅雯

装帧设计:王晴晴　　责任印制:桑国磊

出版发行:安徽师范大学出版社

芜湖市北京东路1号安徽师范大学赭山校区

网　　址:http://www.ahnupress.com/

发 行 部:0553-3883578　5910327　5910310(传真)

印　　刷:苏州市古得堡数码印刷有限公司

版　　次:2021年5月第1版

印　　次:2021年5月第1次印刷

规　　格:700 mm × 1000 mm　1/16

印　　张:11.75

字　　数:175千字

书　　号:ISBN 978-7-5676-4906-4

定　　价:46.00元

前　言

《国家中长期教育改革和发展规划纲要（2010—2020年）》将教师队伍建设作为重要内容，提出了建设高素质教师队伍的战略任务，尤其关注农村教师队伍的建设。《关于大力推进农村义务教育教师队伍建设的意见》指出，发展农村义务教育，办好农村学校，关键在教师。加快农村义务教育教师队伍建设，可以从根本上解决农村教育发展的突出问题。2019年，教育部发布《关于开展中西部乡村中小学首席教师岗位计划试点工作的通知》，决定启动实施中西部乡村中小学首席教师岗位计划，为中西部乡村地区造就一批基础教育领军人才，并充分发挥他们的示范引领作用，让他们带动当地教师提升教育教学水平，进而提高中西部乡村教育质量。为响应国家号召，安徽省已经启动首席教师岗位计划试点工作，可以预见，未来中西部所有乡村地区都会推行首席教师制。作为基层教研工作者，我们要积极落实国家关于农村教师发展的政策，研究如何凝聚农村学科教学骨干建立教研团队，开展教科研工作，带领教师改变课堂，提升教学质量和水平。

纵览以往有关团队建设研究的学术成果，我们可以看出，有关农村小学教研团队建设的研究存在明显的空缺，可供研究的空间极大；学术界对农村教科研开展和教师专业发展提出问题的多，提出解决方案的相对较少，尤其是对如何解决教科研力量薄弱的农村学校的教学研究和教师发展问题涉及极少，这对农村教育的均衡发展不利。基于此，我们开展对农村小学教研团队建设的研究，探究如何建立行之有效的教科研模式，推动区域教育教学的均衡发展。此研究可以为相关类型学校提供实用性的参考意见，推动相关类型学校教研团队建设的发展。

作为基层教研工作者，我们相对了解当前农村的教育教研现状，当前农村教研存在的问题突出表现为学校缺少专业的引导力量，学校内部没有形成有效的教研团队指导教研工作，而是仅仅依靠教研部门的指导，这导致农村学校难以跟上当前课程改革的步伐。针对此问题，我们该怎么办？这就需要集中区域的优质力量共同攻关，打破学校壁垒进而实现校际联动，挖掘区域教科研潜力形成教研团队，通过帮扶、培训、送教等形式促进区域学校教研质量的提升。

为发展农村义务教育，提升农村教师教学质量，濉溪县教育局提出建立“教研共同体”的课程改革理念，并形成相应制度。基于教研团队建设的相关理念，濉溪县的孙疃中心小学开展了近三年的探索，他们提出“中心校一体化”教研模式，该教研模式旨在利用中心小学的优质教研力量形成团队，带动区域内9所小学（包括教学点）开展教研工作。这种教研模式包括教材解读、教学研讨、试题分析、班级文化建设等，教研涉及的范围很广，乡村教师受益很大。在这种教研模式下，老师们敢于打开自己教室的门，欢迎大家走进教学现场，以往羞羞答答、遮遮掩掩的状况荡然无存，学生流失率也在大幅度降低。这样的教研模式实实在在改变着我们的老师和学生，让学校充满生机。濉溪县韩村中心学校也根据自身情况，推行了基于精细化管理的“1+N”教研模式，这样的教研模式同样是利用教研团队的力量实现了学校课堂教学的变革，改变了该校的教研活动现状。在一年的时间里，该校由很少组织活动到一年内开展四次县级教研活动，活动收到参与者的一致好评。这样的变化让我们相信，农村教研改变要从自身做起，要形成一股教研力量带动大家共同努力，辛勤耕耘，开花结果。

基于对相关理论的探索和濉溪县农村教研团队建设的相关实践，我们对教研团队的工作内容、工作机制、团队建设提出自己的建议。我们认为，教研团队的工作重心应在课堂教学，并针对教研最常用的模式，详细梳理了磨课、备课、说课等执行步骤。教研团队练好教学研究的基本硬功十分必要，但如何策划和组织教研活动也应该是团队成员一项必备的技能，同时团队成员要学习如何开展课题研究等相关的教科研工作。教研团队作为“非行政”组织，还要做好各项组织协调工作，并且要加强自身的文化建设，这样才能保持团队健康持续发展。

作为基层教研工作者，我们要关注一线，深入一线，了解一线，我们希望通过自己的研究为农村教研发展提供一点帮助。本书稿产生于“信息技术环境下农村小学教研团队建设的研究”（AH2018123）这一课题的研究过程之中，我们把该书作为主要结题成果之一奉献给广大一线教师。但由于自身理论水平有限，论述略显粗陋，有些观点论证可能还不够充分，希望得到老师们的指点和帮助。向为本书提供帮助的濉溪县教育科学研究室、濉溪县孙疃中心学校、濉溪县韩村中心学校和濉溪县实验小学的各位老师表示感谢！

目　录

第一章　农村教研团队的形成与工作开展 ……………………………001

一、期待变革的农村教研 ……………………………………001

二、教研活动如何让农村教师行动起来 …………………………006

三、农村教研团队的主要工作 …………………………………011

四、农村教研团队建设的主要范式 ……………………………022

五、农村教研团队的工作机制 …………………………………030

第二章　教研团队的活动策划和主要组织模式 ……………………035

一、教研活动的策划 …………………………………………035

二、区域学校共同体教研活动 …………………………………040

三、区域一体化教研活动 ……………………………………049

四、基于学校精细化管理的"1+N"教研共同体活动……………057

五、区域强校、弱校合作的"协同"教研活动 …………………062

六、丰富多彩的网络教研活动 …………………………………069

第三章　教研团队的课堂教学研究实践 …………………………082

一、集体备课——如切如磋,如琢如磨 …………………………082

二、学会磨课——吹尽黄沙始到金 ……………………………087

三、学会评课——视其所以,观其所由 …………………………094

四、学会说课——持之有故,言之成理 …………………………101

第四章　教研团队成员的专业发展 ……113
一、教师专业发展规划的制订与实施 ……113
二、积极参与课题研究 ……118
三、打造标志专业发展的代表课 ……126
四、做好研究成果的规范表达 ……130
五、学习——提高教师教育能力的最佳途径 ……133
第五章　教研团队指导下的课程资源建设 ……138
一、校本课程的开发 ……138
二、综合实践活动课程的开展 ……143
三、语文课外阅读课程建设和实践 ……147
四、研究资料的积累与展示 ……151
五、网络资源的选择与运用 ……154
第六章　农村教研团队的文化建设 ……159
一、农村学校的校长在教研团队建设中的角色定位 ……159
二、农村学校的校长推动教研团队成员的专业发展 ……164
三、农村教研团队文化建设的途径 ……166
四、培养农村教研团队的合作能力 ……171
五、培养农村教研团队的执行力 ……174
参考文献 ……178

第一章　农村教研团队的形成与工作开展

发展农村教育，办好农村学校，关键在教师。只有加快农村义务教育教师队伍建设，才能从根本上解决农村教育发展的突出问题。但单纯依靠上级师训和教研部门的指导，无法从根本上促进农村学校教师队伍的快速发展。作为主管部门必须挖掘学校自身潜力，形成一股教研力量，带动教师行进在教研的路上，才能真正促进教师队伍的发展。根据农村教育教研现状，想要形成一定的教研力量，就需要团结区域内的骨干教师形成团队，使他们相互影响，各显其能，在教研实践中解决问题，增强能力，从而推动课程改革的顺利开展。既然要建立教研团队，就要把握团队的主要工作内容，根据工作需求并结合校情来开展这项工作。无论是何种架构的团队，其工作机制都大致相同，达成的目标相近。

一、期待变革的农村教研

优秀的学校培养优秀的教师，优秀的教师成就优秀的学校。在学校发展的进程中，教师的专业能力显得尤为重要。农村学校教师的专业能力提升需要各级教师培训机构和教研部门的共同努力。要改变当前农村教科研存在的困境，首先，要培养骨干教师并形成团队，组建区域名师队伍，推动教研改革；其次，要加强区域间学校教研的“抱团”发展，不让薄弱学校在改革中掉队；最后，要在制度上对教研工作予以倾斜，鼓励更多教师参与其中。

（一）目前农村教研面临的主要问题

1.缺少专业力量的引导

农村学校的教学水平相较于城市存在显著差距，其中的原因众多。最主要的原因是农村学校缺乏一定的专业引领，缺少必要的教师之间的合作，教育观念相对陈旧落后。此外，农村学校学科带头人相对较少，专业引领的能力较弱，教师的成长缺少明确的前进方向，教学水平停滞不前，这些也是农村学校教学水平相对较低的原因。农村小学的管理模式主要是中心学校管理辖区内的所有小学（包括中心小学和多所村小），中心学校一般包括小学和中学。以濉溪县为例，全县有二十二个中心学校（两个中心校坐落于县城），这些中心学校负责教研的部门是教科室，这些教科室的主要负责人之一分管小学，可以说是小学的专业引领人，但实际的引领情况十分尴尬。在一些中心学校中，大多数教科室主任在中学任教，不从事小学教学工作，他们相对缺少小学教学和管理的经验，这就导致小学教研停留在“上传下达”的尴尬境地。加上各个中心学校辖区内小学分散，各校发展不均衡，这导致他们很难基于中心学校资源开展教研活动。个别中心学校教科室领导只是名义上的职位设置，没有具体的业务要求。

中心小学虽然在资源配置和骨干教师的专业发展上具有优势，但引领作用却不能有效发挥。中心小学名曰“中心”，其实它们只是在地理位置上具有优势，这些学校大多居于人口密集的镇政府所在地，但并不是教研方面的中心。和辖区的其他小学相比，它们在行政上都是平级的。此外，即使是中心学校自身的教研活动开展有成效，它们也无权要求其他学校参与其活动，推进所有小学的教科研活动，实现区域化的教研共同体。

2.骨干教师欠缺，缺少团队建设的经验

目前，许多中心学校的教研工作还处于“单打独斗”的局面。教师接到公开课教学等教研任务时，往往通过网络将教学资源进行组合形成教学设计，缺少个人的独特发现。面对这样的教研活动，教师为了完成任务，仅仅重视结果，并没有借此机会实现自我成长。面对这样的教研活动，教

师无法寻找自身存在的教学问题，这不利于教师的个人成长和自身教育教学水平的提高。

农村学校教研想要获得发展，需要各学校“抱团”发展。目前，农村学校教研团队的构成是临时的、随意的。他们根据教研任务的需要临时抽取学校教师（包括教导主任、年级组长、本学段老师）组成教研团队，这些教师听完课之后的点评以表扬为主，提出的问题比较零碎，不能针对问题提出具体的解决方案，有些甚至没有细心研读文本，提出偏差很大的建议。此外，教研团队共同目标的缺失，让教师的研讨缺少主题或讨论范围，不能集中精力重拳出击解决主要问题。因为是临时的教研团队，在活动结束之后，参与活动的教师不会继续深入思考，寻找恰当的解决方法。因此，教研活动对听课教师的成长帮助不大。

农村学校教研团队的发展还面临其他诸多问题。如团队活动往往在前期搞得好，往后越来越差；团队缺少业务核心骨干，在研讨中缺少一锤定音的人；团队成员水平相近，交流时观点带有鲜明的个人特色，很难相互融合，甚至相互抵触，最终导致研讨活动缺少成果等。想要提升农村教学质量和水平，以上问题都要一一解决。

3.教研活动不被重视，教师缺少参与的热情

农村教研被忽视的原因之一为“教研无用论”。有些农村学校领导把目光放在对学生的形成性评价上，忽视教研活动是修正教师教学思路、更新教学理念、研读教材、把握学情等的过程；忽视了在教研活动中，教师能够比较、思考，进而提升个人业务素养；忽视了教研活动过程是提出疑问、梳理思路、开阔视野的过程。此外，有些领导层未认识到教研是提升教师凝聚力的有效途径，是体现教学成就感的有效手段。领导的介入将会激发教师的参与度和认同感。教师工作积极性的提高，不在于外在的物质刺激，而在于内在教学觉悟和兴趣的激发。

此外，多数教师在教研活动中缺少参与感，有些教师认为教研是“高大上”的事情，自己缺少能力；也有些教师认为教研活动是年轻人的专利，不愿把精力和时间耗费在教研上。尤其是中老年教师由于受客观条件限制，获取信息的途径不足，分享交流的机会有限，大多满足于完成教学任务，而缺少理性的思考。也有部分教师存在观念落后，教法陈旧，知识结构不合理等问题。乡村教师的教研热情急需被唤醒。

4.学校分散，规模较小，教研氛围难以形成

随着外出务工人员的增加，农民的收入逐年增加，他们愿意为子女的学习提供更好的环境，这就出现了学生“迁移”的现象。按村小老师的话说：有本事的都去县城了，一般化的去中心小学，没人问的孩子才留下来。随着学生的流出，农村学校规模变小，很多村小只有一个平行班级，一些村小变成只保留部分年级的教学点。这些学校分布在农村的不同区域，距离城镇有近有远，教师人数少，并且分担不同学科的教学任务，教学之余很难开展正规的教研活动。

5.资源缺乏，信息比较闭塞，影响教师的学习视野

国家对农村学校的改造投入巨大，农村学校面貌焕然一新，学生的学习和活动场地更加充足，设施更加完善。农村教师的待遇得到明显提高，教师队伍相对稳定。虽然学校旧貌换新颜，但教师观念的更新并没有同步完成，教育教学新理念的获取途径依然较少，信息闭塞影响了教师的发展。互联网技术的发展为乡村教师的学习提供了一条新的途径，他们通过网络可以了解外面的世界。但网络资源提供的往往是教研的成果，提供“这样教”的模板，却不能解决“为什么这样教”的问题，导致教师很难触类旁通。另外，网络资源良莠不齐，很难判断优劣，这些都增加了教师选择教学资源的时间成本。

想要改变当下农村教研现状，适应农村教育的发展，一方面农村学校要自挖潜力组建教研团队；另一方面，要引入外部的教研力量，推动自身教研工作的开展。

（二）改变农村教研现状的实践策略

1.加强骨干教师培训，组建教研团队

为改变农村教研现状，教育主管部门应培养一批教育科研骨干教师，让他们带动区域教师共同开展教研活动。在区域学校内，将一批科研积极性高、有志于教育科研工作的教师集聚到一起，可以采取自愿申报、学校推荐、教科室考核等程序来选拔，组建农村教育科研骨干教师团队。教研团队从教学管理、课堂教学研究、教学资源建设、教学交流等多方面引导教师开展教科研工作。教研团队实行梯级培训与培养模式，采取专家引领与同伴互助相结合、自主学习与实践研究相结合的方式开展工作。

2.开展结对帮扶

为改变农村教研现状，还可采取以各种形式组织科研强校与薄弱学校结对的方式，开展教育科研帮扶活动。具体形式与要求是：一是“一助一”“一助多”。根据科研强校的意愿，他们可以自愿与一所学校结对，也可与几所学校结对。二是真心结对，无偿帮扶。科研强校的教育教学科研资源应无偿地向结对学校提供，科研强校举办的大型活动应主动邀请并免费让结对学校教师参加。三是双向流动，历练教师。一方面，科研强校每学年应安排部分骨干教师到结对学校去任教；另一方面，结对学校每学年也应安排部分教师到科研强校任教，历练教师。四是师徒结对，共同成长。让优秀科研教师与科研能力一般的教师成为师徒，通过拜师学艺、名师指点、自我加压等方式，实现共同成长。五是课题引领，协作研究。科研强校确定部分研究课题，双方教师共同参与，由科研能力强的教师当课题组组长，集体开展研究与实践，在课题研究与实践中不断提升教师的科研能力。实践表明，完成一项课题，就会培养和成就一批优秀教师。科研结对帮扶活动是提升农村学校，尤其是农村科研能力薄弱学校教科研水平的有力举措。

3.促进城乡教学交流

为提升农村学校教师的教科研能力，应邀请科研强校的教科研骨干教师带领农村学校开展教科研活动。对此，农村学校应提出教科研需求，与科研强校共同设计活动，从而让活动设计得更具有针对性、可操作性和实效性。活动形式可以有观摩课、教科研讲座、教科研调研和课题指导等。这些活动既可让城乡学校通过交流实现资源共享，共同成长，也可以使农村教师得到很好的学习与锻炼的机会，还能扩大承办学校的影响。

4.建立科研示范点

想要改变农村教研现状，还可以在科研薄弱学校当中重点培育教育科研示范点，让其成为农村教科研的榜样，起到辐射和引领作用，消除农村学校、教师对教育科研工作的畏惧感和神秘感，激发学校领导和教师开展课题研究的积极性和主动性。上级教研部门要重点培育，做大做强示范校，使示范校名副其实，成为农村区域教育科研发展的领头雁。

二、教研活动如何让农村教师行动起来

农村学校布局分散，一些学校地理位置偏远，师资配备也不均衡，缺少年轻教师。随着社会的发展，人类社会已进入互联网时代，虽然乡村教师获取信息的途径增多，但如何把新知与教学实践相结合仍然是他们面临的问题。如果有来自同伴的专业指导帮助来解决这个问题，则会让农村教师行动起来，于细节处尝试改变。

（一）不能让教研“停”在农村学校门口

1.逐渐下移教研活动的中心，由“城市”回到“农村”

教研活动作为提高课程执行力的实践性活动被教师熟知和接受。教研活动的组织形式多样，有县级教研机构、中心学校教研部门常态化开展培训、指导、观课议课活动；有学校开展基于本校教学实际情况的校本研修活动，以增强教师的课程实践能力，促进教师的专业发展；还有不同区域学校的交流活动。自校本研修制度建立和施行以来，教研活动的中心逐渐下移，由“城市”回到“农村”，更接地气，切实解决了教师在课程改革过程中面临的各类教育教学问题，提升了教师解决教学问题的能力。教师发展了，学生必定受益。

2.立足区域情况，有的放矢组织教研活动

从现实情况看，以县级教研部门为主导开展的教研活动依然是农村教

研活动的主体，中心校层面开展的教研活动形式单一，数量不足，不能满足教师的需求。中心校教科室立足区域情况有的放矢组织教研活动，具有十分重要的现实意义。究其原因，主要有以下两个方面：一方面，县级教研部门组织开展的教研活动主题性强，主要针对教学专题开展活动，传递课程改革的新理念，引领教师寻求解决一类问题的策略，而不是传递具体的教学方法。因此，需要一线教师回到自己的课堂，在教学实践中去验证、反思、整理、完善、吸收并形成自己的教学方法。另一方面，教学理念仅仅是传递到农村学校，但如何确保这些教学理念落地生根，最终转化为教师自觉的教学行为仍是亟待解决的问题。解决教师教学实践中的问题，单单靠一次或几次县级的专题活动肯定是不行的，农村教师往往面临课堂教学“最后一公里”的问题，即新教学理念如何在课堂教学中落实的问题。部分教师在参加教研活动过程中“听一听，很激动”，回到课堂“纹丝不动”的现象依然存在。教师的专业发展停滞不前，直接影响学生的发展。

（二）让教研管理“活”起来，促进交流

教学管理理念是影响农村教师教研活力的关键因素。农村学校要走出困境，需要挖掘教师潜能，以提高教学能力、解决教学问题、促进教师交流为目的，确立较为完善的教科研制度，建立教科研基地学校，寻找适合本校的教研活动组织形式，组建一支教研团队，持续为本校的教科研发展提供支持，用一支精干的教科研队伍带领全校教师参与教研活动，让大多数老师行动起来。

1.管理的关注点：由“学生分数”到“教学方法”

社会对教育质量的关注点，直接影响学校领导的管理导向。就我国当前学校教育现状而言，学校往往将教学成绩和教师的奖励挂钩并作为教师评价的主要依据，教师的关注点主要为学生的分数，相互之间为分数展开竞争。竞争是把“双刃剑”，虽然起到一定的激励作用，但也削弱了教师的合作精神，使教师的教研活动慢慢走向形式化。

2. 管理的重心：由“贯彻执行”到“深入研究”

随着学校管理工作的规范化，有些学校教导处的组织管理职能不断得到强化，但其管理重心主要放在组织调度、考试评估等“硬性事务工作”上，对教学研究、教学过程管理等相对不能立竿见影的“软性业务工作”的投入仍不足，组织教学研究的职能逐渐弱化，学校教研组的组织张力也逐渐削弱，教研工作出现了比较严重的行政化倾向。有些学校的教学研究工作主要是“贯彻执行”上级的教研要求，缺少针对学校实际开展的教研活动，对源于实践的问题研究相对较少，教师从中获益较少。教研活动表面化，缺少深入的研究，很难调动教师参与教科研工作的积极性，更谈不上为教师解决实践中的问题，不能为学校、教师、学生的发展提供应有的帮助。

（三）身先士卒，领航学校教研

1. 实事求是，落实教师专业发展

学校应将“教科研兴校”作为管理理念，对教科研工作有长远规划，不急功近利，不趋易避难，不是简单“应付”当下的教科研工作，而是本着实事求是的态度追求教学质量的提升。学校领导层只要着眼学校的长远发展，想要为学校的长远发展积蓄力量，关注点一定会落实到教师队伍的建设和教师的专业发展上。教师的专业素养得到提升，教育教学经验在教学实践中得到丰富，必定会积极推动学校的发展。

2. 清晰定位，推动教研工作持续开展

想要提升农村学校在教科研活动中的积极性，农村学校领导就要在教研活动中找好自己的角色定位，做好活动的引导者，明确教科研活动发展的方向；做教科研活动的推动者，参与活动的指导，深入活动的过程，鼓励教师在参与教科研活动的过程中逐渐成长，解决活动面临的经费、场地、关系协调、引入优质资源等问题；做好活动的评价者，在不同的场合对已开展的活动进行介绍和展示，树立教科研工作的榜样，鼓励和推动整个学校教科研工作的进步。学校领导的参与能提升教师参与教科研工作的热情，带动全体教师积极参与，促进教师之间的交往、合作和共享。

（四）同舟共济，以行动引导教师“行动”

1.组建服务本地学校教学的教研团队

学校领导是否重视营造合作、交流的教科研氛围，以及在此基础上是否形成了有战斗力的中心学校教科研团队，是农村学校教师能否行动起来的关键因素。要发挥教学研究的辐射指导功能，需要多次开展教科研活动，但活动开展的次数多不代表活动的成功。目前，农村学校开展的很多研究活动浅尝辄止，缺少深度探究，成果生成少。要想让教师在教科研活动中不走过场，切实有所收获并持续影响教师的课堂教学，需要教研团队对教科研活动进行设计和策划，创新活动的组织形式，改善活动的效果。

2.解决教学难题，改善教学质量

组建和发展教研团队，能及时解决本校的实际问题，处理教材解读、备课上课、学生学习指导、师生沟通等基础性问题和教学常规管理中的一些问题，及时解决教师课堂教学“最后一公里”问题。教研团队的研究，确立了一线教师“田野研究”的价值，让一线教师不迷信权威，以自己的课堂为依据，从草根经验中汲取力量改善教学，在学习中学会合作与共享。同时，教研团队通过各种形式的活动促进教师的个体发展和学校的整体进步，如开展案例分析、行动研究等“有行动跟进的教学反思”，着重解决如何促进教师的个人专业发展问题；开展集体备课、教学论坛等促进教师之间的深度交流，着重解决如何提高教师整体素养问题；开展连片教研、城乡交流等校际联动，着重解决学校之间教研资源共享的问题；等等。教师在多样化的教研形式中，提出自己的问题和教学需求，在交流互动中解决问题，服务学生。教学发展的最终目标是促进学生的发展，教师是其中关键的一环，教师能力的提升能直接推动学生的进步。

（五）依据特点，精准施策

1.把握不同学校的发展特点

农村小学可以分为三类：中心小学、村小、教学点，但一个区域内的小学均归属一个中心校统一领导。笔者在这里不具体分析各学校的情况，只结合农村学校的实际情况，介绍几种教研活动的组织形式。一是“1+N”教研模式，即中心小学是“1”，村小、教学点是“N”，在中心小学的统一领导下，整合其余村小的教科研力量共同开展教研活动，由不同学校分别领导不同学科，共同开展教科研活动，每一个学校既是“组织者”又是“参与者”，平等地开展教研活动，“百花齐放满园春”。二是“中心小学主导”模式，即由中心小学统一组织本区域内学校的教科研活动，其承担着策划、组织、评价等工作，其他学校则只承担团队布置的研究任务，共同参与教研活动。这样的形式有利于较快提升村小的教科研水平，提升教师的教研能力，这一模式得以实现的前提是中心小学具有较强的教科研组织和领导能力。三是以培养骨干教师为目标的教研模式。对于农村学校而言，学校教研团队往往缺少骨干教师，因此，在教研中应以青年教师作为主力军，展示课堂教学，开展教学评议，让他们在教研活动中勇挑重担，不断挑战自我。同时有效利用外部优质教育资源，促进青年教师快速成长。无论何种模式，最终目的都是让教研团队成为一个人人参与的学习型组织，在学校中形成一种平等、合作、对话的教研文化，让研究反思、合作共享成为教师的专业习惯，从而提高教师的专业素养和职业尊严。

2.把握不同年龄段教师的发展特点

如何调动中老年教师在课改中的积极性，是值得教研活动组织者研究的问题。课程实施的关键在教师，尤其是骨干教师，他们在教师队伍中的影响和在教学中的作用毋庸置疑。在骨干教师成为课改引领者的同时，还需要不同年龄段的教师成为教学主角，用新理念、新思路去解读，去实践。学校的发展需要不同年龄段的教师共同努力：年轻的该有为，中年的是砥柱，老年的不服输。大家都提升了，学校才能稳步发展。农村公立学校教师结构大多不均衡，老年教师多，新分配的年轻教师也在不断增多，骨干教师稀缺。教研活动的组织者要正视部分学校教师的老龄化现象，了解中老年教师的教学状态，推动老教师的可持续性发展，让老教师充满活力，让他们体会到参与教研活动就是与年轻人为伍，在合作中获得成长，得到年轻教师的尊重和肯定。教研活动组织者要学会“因材施教”，不断寻找发挥中老年教师教研热情的好办法，尊重他们，陪伴他们，走好教学之路。

让每一位教师行动起来是一个奋斗目标，动起来才能积跬步至千里，才能提高各学校教育教学质量。要保证教师行动起来，成长起来，作为教研活动的组织者和研究者就要从学校的政策导向、教研团队的自身建设、教师的个性发展三个角度不断深入思考，寻找更多的办法。

三、农村教研团队的主要工作

（一）解决教学中的实际问题

教研活动的最终目的是改进教学实践，解决教学中的实际问题，这些问题总的来说就是教的问题和学的问题。而如何改进教和学从而提高课堂教学的有效性是教师最关心的问题。教研团队在面对课堂教学出现的问题时，要用研究的目光去审视问题，研究思路要追寻问题的产生、反思、改进、实践等一系列的过程展开，在行动中解决教学问题，简单地说就是在教学实践中解决教学的问题。教研团队解决教学中实际问题的活动形式主要是案例研究、案例反思和行动研究，教研团队要在研究的过程中解决教学实践中的问题，实现团队成员和教师的共同成长。

1.案例研究

案例研究多以叙事的形式引导教师反思研讨，透过教学表象探讨教学理念与教学机制，并重视研讨之后教学行为的改进。教研团队应以改进课堂教学为目的，开展案例研究，逐渐熟悉和遵循案例研究的规律。

（1）引导教师以教学叙事为切入点，不断进行自我反思

教师将课堂教学实践活动中“真实典型”的教学故事叙述成完整案例，并据此对教学中的问题进行审视与反思，分析判断教育教学行为的合理性和有效性，并及时对其进行调整与矫正。

案例研究要求参与者在课前有明确的研究指向，将研讨主题贯穿于研讨的全过程（随着研究的进行，活动的主题根据研究的需要可以更新），研讨话题应集中深刻，涉及面不应过宽。研讨要透过现象看内在的教学思想与教学规律，借助对教学机制的认识来改进课堂，并在研究的过程中明确下一个阶段的研究焦点和方向。教研团队作为指导者，在课例研究中要善于在众多案例中选择典型，把研究的主题贯穿于典型案例的研究中。

（2）以基于反思的同伴互助作为案例研究的主要活动形式

组织教师以旁观者的身份围绕案例进行“教学诊断”，帮助教师提高分析能力，实现观念的碰撞与交流，寻求解决问题的最佳途径。在交流中逐步领悟课例中蕴含的理念，修正各自的认知结构，提升专业理论水平，不断成长。在不断的反馈和体验中，领悟教学的真谛，最终实现教师教学能力的共同提高。更重要的是，在课例研究中，应该着重关注后续的教育行为的改进和教学设计流程的完善。

2.案例反思

教师教学技能精熟，面对具体教学情境时采取合适的策略与方法，源于教师在日常教学活动中的不断反思。案例反思是教师学习和研究的重要途径，反思一方面是日常工作中的自觉思考，另一方面是基于教育事件的有主题的反思。教研团队要重视教师反思习惯的培养，寻找培养教师反思习惯的途径和方法；同时重视推广案例反思，让教师在教育教学活动中自觉渗透反思活动，用理智的“眼睛”审视教育教学活动中的得与失。

（1）注重引导教师在日常工作中整理思考

要积极引导教师学会整理教育教学过程中的所见、所闻、所思、所议，记录整理有关的资料和思想。譬如引导大家写好教育日志，定期记录教育生活事件，梳理自己的教学行为，反思日常的教学情境，提高教育洞

察力和教育教学能力。教育日志是最朴素的案例，是教师学会反省的重要方式，更是教师学会研究问题的起点。

（2）引导教师基于教育事件进行反思

通过对有意义的教学事件、教育教学经验的描述分析，发掘隐于事件背后的意义或理念。教研团队要引导教师在反思的过程中发现问题、解决问题，引导教师在解决问题的过程中不断进行反思与讨论，学会基于事件分析的教研方法。

3. 开展教育行动研究

当教师通过教研活动，采用相对系统化的策略应对教育教学实践中出现的困难和问题时，这一过程又可作为教研课题，其实质是一种教育行动研究。教育行动研究注重研究过程对教师专业素养的影响和对教师教育行为的改进，是一个循环往复不断修正的过程，包括问题的提出、问题的归因、措施与行动、评估与反思。

（1）教育行动研究始于问题

教研团队要积极关注教师的研究需求，促使教师在实践中分析与提炼问题，并在问题分析环节深入思考：问题表现在哪些方面？可能的原因是什么？这些问题对教育教学可能有何影响？

（2）教育行动研究要根据教育教学的实际形成计划

在初步确定研究的问题后，教研团队应积极进行调查和文献学习，提出解决问题的初步设想，形成计划。在设计方案的过程中思考：值得探索的是哪方面？适合自己解决问题的办法有哪些？研究的策略是什么？通过不断反思，对行动研究的对策进行充分思考和推敲，保障研究计划顺利进行。

（3）教育行动研究伴随着持续的反思

在实践中保持反思与改进，针对问题制订相应的解决对策和措施，并在实际工作中付诸行动。为使反思与行动紧密相连，教研团队需要保持思考：行动效果如何？措施是否具体可行？行动是否有机制突破？行动是否可以被复制？在行动研究的过程中，关注是否形成解决问题和改进实践的建议。

（二）促进观点交流与成果共享

在教研的实践形式中，教师的交流是最常见、最普通的形式，因为“一份思想，两人分享，便会产生两份不同的思想”。从形式上看，教师间的交流可以通过论坛、沙龙、辩论等多种方式进行，但交流效果却会因组织策划的质量不同而大相径庭。农村学校因学校规模、师资结构、教研氛围等方面的原因，教师参与交流研讨的意愿并不高，很多时候只愿意“带着耳朵参加活动”，即使有个人见解也不愿和盘托出，其直接影响教研活动中的交流效果，在交流中很难形成一定的研讨成果。教研团队在组织策划交流活动时，需要从研讨主题、研讨内容、研讨过程进行全方位的思考，以期达到交流和共享的目的。

1.研讨主题的选择

研讨主题的选择是教研活动策划的要点。活动主题的着眼点是多样的，如促进教师观念的转变、提高教师解决具体问题的能力、围绕中心议题研讨、自由交流阶段的教学收获和教学辩论等，不同的主题因教育教学需要而产生。研讨主题还要具有吸引力，可以是针对教师工作中共同关心的问题，让教师在交流自己的困惑与经验的过程中互相启发，在差异互补、智慧共享的教研气氛中，开展多效互动、平等对话的学习活动。

2.研讨内容的预设与生成

研讨活动强调在预设基础上的生成。在开展研讨活动的过程中，预定的发言人轮流发言，虽然发言是围绕研讨主题认真准备的，能够充分展示发言人的观点，但各位发言人之间缺乏交流，缺少智慧的生成。针对这一问题，教研团队要关注活动的预设，引导教师在参与活动的过程中不断思考，同时更应该主动创造生成的机会，抓住研究现场的问题，主动开展交流，鼓励教师积极发表自己的见解。在这个过程中，就要求教研团队成员加强自身的修炼，提高对问题敏锐的观察力和思辨能力，同时要鼓励教师摆脱事前准备资料的束缚，主动回应不同的观点，生成新的认识，共享研究成果。当然，这个过程是漫长的，需要和伴随教师多年的观念作斗争。

3. 研讨过程的互动性与参与性

研讨活动的参加人员往往来自同一区域的不同学校，多是“同质”的，是学习与合作的关系，研讨的关键是活动中大家是否有真实的思想参与。教研团队成员要善于把控教研过程，提高研讨活动的互动性。首先，要让教师感觉发言是安全的，激起教师发表自己观点的激情。其次，研讨活动的组织策划要环节清楚，每个环节都要预设一个明确的话题，吸引教师持续展开讨论。最后，研讨话题可以分解为若干任务，可以预设也可以当场生成，设计多样化的参与点让教师可以参与，促进研究的深入。

4. 研讨专题的连续性

试图通过一次研讨活动解决某一个问题是不现实的。观念的转变与行为的改进，需要进行一系列的渐进深入的研讨才能产生效果。因此，教研团队确立教研主题后，要对主题认真挖掘和梳理，确定研究的步骤，在连续的研究过程中深化研究的主题。

（三）建设学校课程与教学资源

教研团队要将学校课程与教学资源建设纳入工作日程，其一方面体现为对资源建设的关注，另一方面体现为为同行提供改进教育教学活动的资源或素材。从学校教育实际来看，常见的学校课程与教学资源有：课堂教学设计与研究、习题与作业、学校课程（基于本校特点的学习内容与过程）等，这三类资源随着教育教学活动的发展而日益丰富。对于农村学校而言，教研团队必须建立资源共享的工作机制，坚持“合作”的原则，在课程与教学资源建设的过程中，支持区域内各学校的教学管理工作的开展和教师的成长。

1. 开发课程资源

为适应不同地区学校、学生的不同情况，新课改课程管理体制倡导学校通过对本校学生的需求进行科学评估，充分利用当地社区和学校的课程资源，开发多样性的、可供学生选择的课程。尤其是“综合性课程”被列为学校必修课程，其课程资源往往需要依托本地或本校资源。但广大农村学校课程资源意识淡薄，对课程资源缺少必要的重视。针对此现象，需要教研团队整合各校力量共同挖掘和开发学校课程，支持学校的课程建设。这是一个“螺旋式前进”的教育教学改革活动，需要广大教师的实践，开发和积淀课程资源。

教研团队在建设学校课程时要分析课程现状，调查学生的需求，调查课程资源并规划课程结构，拟制课程纲要，维护课程的实施与改进。教研团队还应根据不同学校的特点，帮助弱势学校寻找差距，并针对不足开展专项培训。利用典型案例引路，逐步推广，积累案例，共享课程资源。在建设资源的过程中培养教师的研究能力，提高课程开发与实施能力。

2. 建设校本教学资源

教学资源必须符合教师的风格、学生的实际与具体教学内容的特点。但在实际工作中，相当一部分教师缺少鉴别判断的能力，对教学资源的依赖令人担忧。教研团队要站在研究的视角进行资源建设，引导教师对教学资源进行有目的的选择与利用、研究与开发，而非简单地搜集资料并整合。

概括地说，教学资源建设的主要活动就是挖掘教师教的资源和支持学生学的资源。教的资源主要有教学设计、教学分析、课件等，学的资源包括习题、读物、学习软件等。教研团队要引导教师更好地把支持教的资源和支持学的资源整合起来，通过网络实现共享。探讨“讲学稿”“翻转课堂”等模式，提高学生学习的自主性，提高课堂教学的效率。

（四）改进教学常规管理

有质量地完成教育教学任务，认真尽责地落实教育教学过程是教学中最重要、最基础的工作。教学管理在提升教学质量和水平的过程中也至关重要，其不能停留在“没有指导的管理”，要善于把握并发掘教育教学过程管理中有利于教师持续发展的因素，指导和督促教师落实教学常规要求，改进教学过程。农村教研团队成员大多是一线教师，部分成员还是学校的管理者，要以教育教学过程的落实为出发点和落脚点，善于用研究的眼光发现问题，寻找解决问题的办法，最终落实到提高教育教学质量上来。教学管理的内容十分丰富，常规管理主要包括教学准备、课堂教学、作业复习、学生指导和考试评价五个环节。

1.改进教学准备

“有些教师备课不是为了教学，而是为了应付检查”，此类信息代表部分教师对待备课的真实态度。备课是影响课堂教学质量的重要因素，改进备课是教研团队指导教学管理工作的一项重要内容。

教研团队备课管理的职责应该是对教师进行督促与指导，没有检查的管理是空洞的，没有指导的管理是无效的。备课管理要与教学检查相结合，不能狭隘地把管理的目标定为监督教师的备课，而是要更多地指导教师掌握备课的方法。在教师备课的过程中，熟悉课标、教材是重要的思考过程，教师要杜绝“拿来主义”，不宜直接使用他人教案。要学会研究和贴近自己的学生，研究教学中的学生定位问题，有了站在学生立场的思考分析，才能真正为学生的发展服务。教研团队的主要工作是引导教师对自己的教学行为进行充分思考，这些思考才是真正意义上的教学准备，是备课的精华。在个人思考基础之上的集体备课，能更充分地促进教师间的协作互助。

2.优化作业过程

作业是教与学中最常见却又最关键的环节。“减轻学生学业负担”作为教育现实问题被频繁提及，但是靠简单的行政措施来约束，效果不佳。教研团队要把整体优化作业过程纳入管理研究范畴，开展相应研究，力争促进教师的作业“选编”和“评改”质量的提升，加强对学生作业的分析诊断。要开展具有针对性的活动，让教师在参与式的活动中研讨并感受作业选、改、编中的学问。引导教师开发创造性、实践性作业，提高学生综合运用知识的能力。

3.研究教学测验

尽管目前提倡对学生评价的多元化，但教学测验仍将是相当长一段时间内对学生进行学业评价的主要工具。研究教学测验其实是提高教师对学科标准的把握能力的重要途径。教学测验是指导学生学习的一种工具，教研团队发挥着引导教师重视教学测验的导向作用。组织教师研究教学测验，要解决两个问题：一是通过教学测验试题的命制，提高教师对学科标准与学科知识的把握能力，改善教学测验的质量，让教学测验扮演好配合教师教学的角色；二是提高教师分析教学测验结果的水平，促进测验结果能够更正确恰当地被运用，让教师真正运用好测验，帮助学生具体分析学习现状并反思自身教学中存在的问题。

4.改革学业评价

学业评价改革内容丰富，其又是课程改革中最困难的一环。对此，农村教研团队改革学业评价的主要途径是丰富评价方式，重视过程性评价的价值，评价学生在学习过程中的表现，不把学生的学业评价局限在学业测验结果中。关注学生具体能力的进步过程，实现及时反馈和改进；从学生个体发展的角度评价学生，记录学生成长，“只要学生在进步，我们就要给掌声”。

（五）培育有活力的教师队伍

教师的成长往往要依靠团队的力量，无论是教师“站稳讲台”的成长期，还是教学技能较为成熟的稳定期，教师对教育教学的研究和专业成长都离不开团队的支撑。教研团队要着眼于师资队伍建设，有意识地培育有活力的教师队伍。建设有活力的教师队伍的方法很多，归结起来不外乎两种，一是发挥学校已有教研组织的作用，帮助其改进教研活动，促进教师学习与交流的有效开展；二是根据工作需要，建立有特定功能的新的教师团队，发挥其非正式的组织作用，实现促进教师专业能力提高的制度创新。

1.重新定位学校教研组

目前来看，在传统课程管理模式下，教师工作的重心是完成上级布置的各项教学任务，教研组工作集中在进度安排、听课交流等方面，主要采用行政管理的模式。教研团队应根据课程改革的要求，引导教研组主动及时发现学科教学中的问题，组织开展具有针对性的研究，促进组内教师不断进步。首先，教研组要能主动及时地发现学科教学中的问题。这些问题是教学活动中需要解决的问题，尤其是在学科教学实践中有普遍性、关键性和代表性的问题，要以此作为教研组学习和研究的重点。其次，善于策划组织团队进行有针对性的研究。教研团队作用的发挥不是看教研活动的多少，也不在于活动的规模与气势，而要看是否以积极的态度去解决问题，加强教研活动的组织策划，组织团队进行有效研究。最后，促进团队成员的团结进步。通过活动，组内成员工作与钻研的热情被激发出来，教育反思的意识和能力提高，乐于在集体学习与研究活动中贡献自己的力量，最终形成团结合作的教研组文化。

2.创新青年教师培养制度

教研组是教师开展业务工作的稳固阵地，教研团队要根据教师特点，灵活组织形式多样的教师研修和教师专业发展的新型组织，激发教师参与教科研活动的活力。在学校中虽然非正式的自发活动很多，如围绕教学工作的随意交谈、教学疑难问题的商讨、教师自发的网络交谈和观点碰撞等，这些活动的组织形式多种多样，但主要体现为协作帮扶和自发合作。

教研团队应利用成员优质的资源，以“师徒结对”“青蓝工程”等形式，帮助学校培养青年教师，根据成员情况形成“一对一”“一对多”“多对一”等组织形式，从常规管理、学科教学、教学研究等方面重点进行引领，最终实现多方“共赢”的局面。采用“筑巢引凤”的方式，聘请市县“名师工作室”成员来校与青年教师结对进行系统培养，同时对学校其他教师产生辐射影响。

针对青年教师面临的专业学习与岗位适应问题，以及尽快从新手成长为合格教师的能力发展问题，教研团队应为他们提供更多发表自己主张、展示才能的机会。教研团队还可以组织非正式的教师专业发展团体，借助网络营造轻松的交流氛围，促进教师在较少拘束的环境中进行自由交流，比如组织开展“读书会”“学习沙龙”等。

（六）促进教师的自主发展

学校要创造适合教师专业发展的工作生活环境和氛围，促进教师的成长。在教师成长发展的过程中，真正起决定作用的是教师内心对进取的渴望和形成学习研究的好习惯。促进教师的自主发展，需要教研团队积极配合学校管理层，做好相应的工作。一要把握教师的内在需求，尊重教师成长的规律。二是要针对教师在不同成长阶段的发展特点和目标，策划和开展具有教师职业特点的活动，激发教师学习和实现自我成长的动力。

1.满足不同阶段教师的发展需求

教师的成长有规律可循，不同成长阶段的教师在理想信念、教学技能、教学思想等方面多有不同，教研团队要善于研究和发现区域内学校的教师年龄分布特点，了解不同阶段教师发展需求的共性，增加教科研活动的选择性和参与性，让教师各取所需。

20世纪60年代美国的富勒把教师的发展分为三个阶段："关注生存"阶段，即关注自己的基本教学技能；"关注任务"阶段，即关注教学任务的实施与完成；"关注自我提高"阶段，即关注学生发展，但也可能平淡对待工作。针对新入职的教师，教研团队要关注其思想动态，建立教研团队和教师的意见沟通机制，建立师徒结对等"帮带"制度，关注他们课堂教学处置能力的培养。针对稳定期的教师，教研团队要发掘和利用团队中的榜样，引导大家向榜样学习。教研团队也要引领教师进行自我反思，对固化的教学行为进行理性思考，并在实践中不断改进。教研团队还要创新活动形式，给教师提供展示的平台，展示其才华，从而才能不断提高他们的学科素养，学会教学过程的精细化管理。在新入职教师培养的过程中，要重点发挥教研团队对教师的引领帮助作用，引导教师在教育教学实践中学习提高。

2.提高教师发展的自主性

教研团队要尊重教师学习发展的多样化需求。在教研活动的策划中，教研团队要改变教师在教研活动中的被动地位，通过调研、问题调查单、研究主题征询等形式让教师确定教研内容和教研过程。

（1）提供具有一定选择性的学习研究活动

教研团队应尊重教师作为成人的学习特点，组织多元化的活动让教师选择“学什么”和“如何学”，改变教师在学习和研究中被动的角色，自愿投入具体的活动中去。

（2）提高教学研究活动中教师的自我决策能力

教研团队要根据不同发展阶段教师的特点和需求，指导教师对自己的发展做出规划，清醒认识自己在不同阶段的发展目标，以便管理好自己的教学教研活动，积极的自我发展决策会帮助教师在专业发展中脱颖而出。同时，教研团队成员也要对自身的专业发展有清晰的规划，并朝着目标不断努力。

3. 实施发展性的教师评价

教师评价对教师的自我发展影响极大，在没有奖励的前提下，提倡学校开展以促进教师的专业发展为目的的评价，实现教师与学校的共同发展。发展性的评价主要以教师参与活动的过程作为评价的主要内容，分析教师的个人发展规划的落实情况。当然，这样的评价弹性较大，尚需不断研究。

4. 运用信息技术，寻求农村教研的新形式

面向未来，我们不断思考当前的教育教学改革将向何处去，毫无疑问，将先进的教育理念与普适的信息技术手段相结合，可以推动基础教育优质均衡发展。“互联网+教育”的形式为农村的教研活动提供了新的方向，“大数据”“云计算”“人工智能”等技术推动教育资源的共建共享，教学教研的优化提升，在学习过程中的激励、追踪、诊断、反馈等多个维度也多有突破。

（1）网络教研

网络教研可以解决常规教研资源短缺，孤立、零碎的教研活动无法做到与常规教学同步跟进等问题。常规教学与教研活动融为一体，能促使教研活动更富有生机活力，也必将启发教师的教学思维，形成教学智慧，进而提高教研活动的水平和实效。网络教研带来的将是一种民主、平等、对话、协商、合作的新教研文化。

（2）资源建设

网络教学资源获取方便、迅捷、经济，能直接应用于课堂教学，提高课堂教学的效率。教研团队应立足于课堂教学实践进行网络教学资源的选择和运用，形成一定的资源包供教师共享。在课堂中，教师应积极运用优质的网络教学资源拓展学生的知识范围，发展学生的自学、研讨、想象、交流能力，提升课堂教学的效率，从而激发教师运用信息技术的热情。

同时，教研团队应及时总结提炼本校的课例、实录等资料，分门别类进行整理并上传至学校平台，为今后的教学提供有益的参考；也可以上传至公共交流平台，实现优质资源的网络共享。教研团队要多参与网络公共平台的教学交流，以拓宽教师学习交流的形式，让教师看见外面的精彩世界。

四、农村教研团队建设的主要范式

基础教育课程改革促进了学校教育的全方位变革，其核心理念之一是“校本”，对校本最朴素的解释就是“一切从学校实际出发”“以解决学校实践中的问题为指向”。在实践中，从学校的教学和管理出发，教研团队建设的形式丰富多样，我们从团队工作的主要内容和发展目标等角度，把活动的范式主要归结为以下几类。

（一）以改进教学管理为目的的团队建设

没有指导的管理肯定不是完整意义上的管理，落实教育教学过程管理是学校一项基础性的工作。教研团队应把教学管理纳入团队研究的范围，用研究的眼光去审视教学管理，教研团队一方面要指导和督促教师落实教育教学常规要求，另一方面还要通过教学管理促进教师研究和改进教学过程。

改进教学管理不仅是为了完善管理制度，更是为了引导教师将改进教学过程作为重要的研究对象。像备课管理、课堂教学检查与指导、作业管理、考试与评价管理等，都是十分有“业务味”的工作，不能用简单的刚性制度代替研究，也不可以用纯粹的量化评价代替指导。从农村教育的现实情况来看，研究教学管理的意义十分重大。就农村学校而言，学校规模的差距导致各校的教学管理差异大，以行政化的管理手段管理教学仍是当前农村学校教学管理的主要形式，这种形式的管理以要求、检查和评价为主，缺少对管理行为的研究和指导，管理行为对于教师专业发展的支持明显不足，这也拉大了教师和管理者的距离。

1. 从教学常规管理的角度出发

示范引领各校规范管理，比如明确规范备课、上课、作业等方面的标准和要求。通过研究寻找学校常规管理的最佳方式，用一定的标准去引领、规范教师的日常教学。随着研究的深入，常规管理的范围可以扩展到学生发展、课程建设等方面。

2. 从学科教学发展的角度出发

农村学校师资力量薄弱，学科骨干教师分布不均，对此，教研团队应集中区域学校的各学科中坚力量建设各学科研究小组，抓住学科教学特点，制定教学规范，收集和整理教师教学中的教学难题作为突破口进行研究、示范，引导教师重新审视自己的教学，改变传统、低效的课堂教学形式。

3. 从教师的专业发展出发

教研团队还应积极创新教师参与教研活动的形式，改变教师旁观者的角色，使其愿意参与到教学研究中。此外，教研团队还应借助“互联网+”的强大优势，利用网络社交软件、教育教学平台、资源应用平台开展活动，为教师提供展示个性观点的机会，激发教学智慧。

案例

为了切实推进新课程教学改革，不断提高学校管理与教学水平，给教师创建一个互相交流的平台，把韩村中心学校所辖小学的业务做精、做细、做实，韩村中心学校组建了教研团队，力争引领各小学把业务做到更规范、更专业、更有利于教学教研。教研团队推行教师备课制度的最优化，提高备课效率，实现资源共享，实行集体备课，以钻研、交流学习心得、教学心得等方式，把教学、培训、课题研究紧紧地结合在一起。

中心学校组建教研团队关注两个方面：一是领导层的团队管理能力。二是教师团队的教育教学能力。教师团队的教育教学能力表现为教师群体的团队合作能力，对教育教学问题进行研究的能力，合理开发与运用课程资源的能力，有效使用各种教育方式、方法和手段提高教育质量的能力等。

各小学校长、主任亲自参与教研组的教研活动。在开展教研活动的过程中，在时间、条件、环境等方面给予教师基本保证，如加强教研组和教师之间的联系，至少保证每个教研组每周有相对完整的时间开展教研活动。从计划到实施，从检查到反馈，校长、主任都深入了解并亲临指导。教研组长是学科教学研究、教学管理的带头人和责任人，教研组长作用发挥得好坏直接关系到学校教学质量的高低。各校重视教研组长的选聘工作，切实选拔出思想品德好、教学水平高、科研能力强、有较高的群众威望、有一定组织和协调能力的骨干教师担任教研组长。（资料来源：濉溪县韩村中心学校教研团队）

（二）以提高教学能力为目的的团队建设

课堂教学一直以来都是教学研究的重点，教师通过对课堂教学的研究寻找解决教学问题的金钥匙。观课、议课、磨课等课堂教学研究形式是大家熟知的，这些活动着眼于教师教学能力的提升，并进而改进教师的课堂实践。教师教学行为的改进直接的受益者是学生，最终还会推动学校的发展。

1.以课例研究为出发点

随着课堂教学的研究手段和研究技术日趋丰富，对课堂教学进行分析的形式变得越来越丰富。课例研究作为最朴素的研究形式，从最常态的一般课例研讨逐渐发展为诸多形式。教研团队尝试通过不同的形式，以行动研究作为主要方法，探寻影响教师行为改进的诸多因素，在教学实践中改进教师的教学行为，并在实践中对其行为进行检验。如通过课例的对比，开展多角度的“同课异构”研究，在比较中分析教学设计和实施过程中的得失；通过观摩、片段剖析、说课演课，探究课堂教学的细节；通过不同主题、类型的课例，开展深入探究，寻找同类问题的解决方案，进而提高教师教学能力。

2. 以主题式研究为出发点

课堂教学的研究不能局限于对某一具体问题的即时思考和求解，而要把研究的着眼点放在某一主题，或有针对性地解决某一类教学难题。教师要以教学实践为素材，收集和整理教育教学中的典型事件，围绕典型案例进行反思，从而改进教学。教师通过审视更多的教学事件，引发其对事件内在规律的思考，从而在反思中提升自己对教研的理解，构建自己的教学知识系统。

3. 以课题式研究为出发点

为提高教师的研究能力，教研团队一定要引入科学的研究方法，有组织、有计划地开展研究，为解决教学实践中的问题，将课题式的教育行动研究呈现在老师面前。为此，研究的时间增加，研究的思路更加清晰，研究的方法趋于科学多样，参与研究的人员、群体增多，表现为围绕某一专题的阶段性研究。无论什么形式的研究，都要求教师具有反思能力和发现问题的能力，善于找到解决问题的切入口，这些研究的最终目的都是为了提升教师的教学能力。

案例

当前的课程改革不仅仅是教学思想的变革，还包括教学内容、教学方式、教学手段与教学评价等方面的变革。实事求是地讲，作为教研团队成员，他们是要与教师一同“走”进课程改革的，他们并不比一线教师“高明”多少，因此，教研团队成员不但要确立终身学习的意识，努力改善自己的知识结构，强化自身的学科专业知识、信息技术知识，不断提高教学水平，还要转变教研方式，由原先的检查者、督促者与指导者转变为“平等中的首席”。要做到这一点，教研团队成员首先就要“沉”入基层，“沉”入备课组，“沉”入教室，“蹲点式”参与年级组的教研活动，“下水式”投入课堂教学中，“朋友式”指导教师与学生。更为关键的是，他们还应发挥好“首席”的作用：反思教学思想是否与时俱进，反思教学内容是否落脚在学生的“最近发展区”，反思教学方式、手段是否改革创新，反思测试与评价是否关注了学生的全面发展，等等。他们还要组织教师展开高效研讨并提出有效的解决对策。当然，这些“反思”与“研讨”应该建立在充分尊重教师主体意识的基础之上，才有利于推动教研活动的顺利开展。（资料来源：濉溪县城关第一小学教研团队）

（三）以引领区域教研发展为目的的团队建设

在师资队伍培养和教研工作中，最困难的是广大农村学校。农村学校的困境主要表现在：第一，学校分散，规模较小，教研氛围难以形成；第二，师资分化严重，骨干教师欠缺，缺少专业引领力量；第三，基础各异，校际发展不均衡；第四，校长和教师关注眼前的多，安于习惯的多，教研活动缺乏活力，难以激发教师参与研讨、自我反思的热情；等等。

面对现实的困难，这些学校开始探索“区域教研”之路。以区域内实力强的学校为龙头，带领区域内学校联合教研，利用学校之间的合作与竞争机制，促进区域内各学校尤其是基层薄弱学校教研工作的常态化开展，扩大教研的覆盖面。让教研活动开在校门口，让普通教师都有机会参加有质量的教研，让普通教师有备而来，有获而归。教研团队面对众多学校共同参与教研的局面，要处理好学校之间的合作、竞争关系，做好教研活动的指导工作。区域教研参与学校多了，教研团队更要引导龙头学校发挥带动作用，还要调动其他学校不落人后的竞争心理，在活动中展示各个学校的风采。教研团队还应利用区域大平台，充分调研，围绕一定的主题开展活动，集中精锐力量解决共性问题，让基层薄弱学校从中尽可能获取更多的经验。

教研团队在组织区域教研的过程中，要不断尝试活动的“变式”，根据不同学校的特点开展活动。

1.“以强带弱”式

这是针对个别教研能力薄弱学校开展教研的组织形式，教研能力较强的龙头学校帮扶教研能力薄弱学校，用强校优秀教师指导薄弱学校的教师教学，这样的指导更切合教研能力薄弱学校教师的需求，也更容易解决其具体教学技能问题，同时强校的教师也更能得到锻炼。这样的工作机制可以有针对性地帮助个别学校解决发展困局或业务瓶颈。

2.“伙伴协作”式

情况相近或位置相近的学校，可以将课程实施过程中遇到的教学共性问题作为合作的对象，并针对其开展教研活动。他们可以采用课例研讨的方式开展活动，以联动备课、上课的方式实现“行动跟进”，保证教师教学行为不断改进，并以集中研讨或网上研讨的方式实现深度反思。在伙伴式的学校合作中，各学校在遇到问题时可及时借助本学校以外的人力资源，获得校外力量的支持，“请进来”或者“走出去”，接受更多异地教师的指导，为教师成长提供更多支撑。

3.“学科联盟”式

农村学校除语文、数学学科外，其他学科如体育、科学、道德与法治等研究现状堪忧。农村学校这些学科的教学往往得不到重视，专任教师少，教师学科教学知识积累也极少，上课时间不能有效保证。但这些学科的教学是学生发展过程中必不可少的，对于培养一个全面发展的人是必需的。因此，对这些学科的教研指导显得尤为重要，对此，教研团队要选拔和组织有能力的教师开展学科教研攻关，保证课程改革的顺利实施。

案例

为促进全镇教研的均衡发展和稳步提升，孙疃中心学校把所属的十二所小学、六个教学点的教研纳入中心小学业务范围，实行“学区一体化”教研。学校采用“龙头”带活“龙身”，依托所辖村小同步发展的思路，目标是全面提高学校教研水平，打造一支优秀的教研团队，助推教师专业成长，促进学校持续发展。

学校树立“以教研促课改，以课改促质量”的教研理念，组建了孙疃中心小学教研团队，发挥指导作用，以点带面，努力提升团队教研水平。为保证一体化教研的有效性，学校还实行“三级”管理制度，即中心校校长（决策层）、中心小学（管理层）、中心小学教导处（实施层）。

一体化教研的具体实施步骤如下：

开学前，召开学科带头人会议，校长宣读学科带头人职责及考核方案；业务校长带领学科带头人学习本学期工作重点实施细则并研讨学科教研活动计划。学科带头人带领本学科教师进行以下五方面工作：第一，解读一体化教研实施方案和本学期的教研工作重点及细则；第二，对本学科教师进行思想引领；第三，学习新课标；第四，研讨制订本学科活动计划及学科计划；第五，集体备课。

学期中间，学科带头人每周要做的工作包括：听课、评课研讨，安排下一周的教研活动，研讨本周集体备课内容。学科带头人对本学科组的备课、作业、单元目标卷、听评课记录等要做至少三次的阶段性检查、评估，并及时在学科组内公示。中心小学教导处每月定期对各学科组进行检查总结，对于存在的问题及时跟进解决，并作补充、完善、提高。

学期结束，学科带头人对本学科教师进行量化考评，纳入教师绩效考核，结果公示后上报中心小学教导处。中心小学对学科带头人进行量化考评并上交中心校纳入绩效考核。（资料来源：濉溪县孙疃中心学校教研团队）

（四）以探索学科发展为目的的团队建设

一节课的成功，依靠备课团队众志成城，制订教学整体架构，在研究打磨的过程中不断优化。一个学科的发展，就需要教研团队攻坚克难，带领大家攻克“疑难问题”，高屋建瓴地指导教师解决问题，为本地区的学科发展贡献力量。

在建设教研团队的过程中应尝试从以下几项工作着手，即从理论修养、解决问题、策划活动、研究氛围等方面出发，建设一个具有活力的学科领导团队。

1. 传递前沿理论

教研团队应该是一个学术小团体。团队成员的理论修养非常关键，在疑难问题处理的关键时期需要团队一锤定音，引领问题解决的方向，对此，没有对学科发展脉络和学科理论的把握是很难做到的。同时，教研团队还要有意识地搜集前沿理论、课改信息，整理分析课题实验数据，选取优质的教学资源供大家学习研磨。

2. 主动及时发现学科教学中的问题

想要提高教研活动的质量和实效，首先要突破的是研究针对性问题。研究的主题源于具体教学活动中需要解决的问题。教研团队需要能敏锐地发现学科教学实践中具有普遍性、关键性、代表性的问题，并以此作为学习和研究的重点。

3. 善于策划开展具有针对性的研究活动

教研团队的活动不在于数量或者规模，关键是看团队成员是否有有效策划的意识，有没有将策划落实。纳入策划范围的典型案例，应该能够反映教师的需求，及时为教师引路。教研团队从研究者的视角，审视整个案例的设计、实践、反思的过程，寻求解决问题的最佳路径，积累经验，并在接下来的实践中予以验证，最终形成围绕一个主题的课题式研究，提升研究的系统性。

4. 培养学科骨干教师

学科的发展需要一批优秀的骨干教师，教研团队在研究的过程中形成合作探究、互帮互助的文化氛围，这有利于青年教师的成长。在系统的研究过程中，青年教师从中学会思考、辨析，用研究的眼光审视问题，寻找答案，让教学设计有“根”可循，增加青年教师的学科底蕴。

五、农村教研团队的工作机制

农村教研团队因课程改革而生，在学校的管理、课堂教学、资源建设等方面发挥重要作用。同时，教研团队肩负合作交流、辐射引领等职责。如何确保教研团队长效开展工作，我们做了如下探索。

（一）一套强有力的保障机制

学校教研工作是否能有效开展，学校领导层尤其是校长起着至关重要的作用。校长以学生的全面发展作为学校发展目标，需要把教科研作为一项基础性的工作常抓不懈。

1. 学校领导层对于教研团队的支持和指导

（1）学校领导层应具备强烈的发展意识

学校要发展离不开教师的成长，教师的专业成长决定了学校发展的质量。一线教师虽然对所教年级或学段有比较深入的了解，但由于缺少对学科发展的全面认识，因此需要同伴间的合作交流，更需要一个较为专业的团队进行引领。学校领导层要认识到教师专业发展的重要性，根据学校发展成立教研团队，保障教研团队的运行，并参与教研团队的工作，为教研团队发展出谋划策，有效推动教研团队的发展。

（2）学校领导层应具备强烈的人才意识

学校领导层要善于发掘一线教师中乐学、善学、能吃苦、有大局意识的教师，并将其吸收进教研团队，给他们“压担子”，鼓励他们在教学实践中实现教研能力的提升，为他们的成长架桥铺路，为他们提供更多展示和交流的平台，让他们有机会展示自我，开阔眼界，实现个人专业能力的快速提升。同时，以部分教师的成长带动周边、辐射全校教师共同成长。

（3）学校领导层应具备问题意识

学校领导层要能走进课堂听课，能坐下来与教师交流，聆听教师的心声，从中发现突出的问题；引导教研团队对共性问题开展专题研究，直面问题，并引进优质教育教研资源帮助解决问题。这种实质性的支持，能提升团队的士气，让教研工作多一份发展的动力。

2. 有针对性的组织建设

（1）健全组织建设

成立教研团队建设领导小组，由校长任组长，学校教科室领导任副组长，尽量吸收辖区内各学校的业务领导担任教研团队成员。坚持把教研团队建设和教师的专业发展放在突出位置，把教研团队建设和校本教研、教导处的工作有机结合在一起。借鉴已有的团队建设经验，辖区学校业务领导参与教研团队建设，各校成员在团队中地位平等，能调动各个学校的参与热情，也有利于活动开展时场地、人员、物资的协调。

（2）明确“领军学校”职责

辖区内应选择领导理念到位、教师有较强教研能力的学校作为“领军学校”（一般由中心小学和实力相对较强的学校担任），对辖区内的教研能力薄弱学校进行“帮扶、引领、带动”，即帮助和扶持教研能力薄弱学校开展教科研工作。“领军学校”承担着引领理念、观摩课堂、主持交流、传授管理经验等工作，工作的强度相对较大。

教研团队的领导负责整个团队的工作筹划，从教学管理、教学质量、资源建设等方面全面开展调研，确定研究的方向和内容，研究的问题要从教师教学实践中来，这样能帮助教师解决教学中面临的迫切问题。这个过程是一个系统的过程，要找准解决问题的切口，从小处着手，切不可贪大求全或者照搬他人经验，脱离了教研的真实土壤的研究必定无果而终，劳神费力。

以宽容的眼光看待教研团队成员。农村教师的课时量都比较多，教研团队成员首先要完成自己的教学和学校的各项任务，他们是挤出时间并且利用休息时间参与教研工作，对此，学校要对他们给予更多的支持和帮助，鼓励教研团队成员参与各项工作。教研不能一蹴而就，需要慢慢积累实践经验，对教研团队成员的工作不能单纯以物化成果来衡量，要鼓励教师发扬钻研的精神。学校的政策需要适度倾斜，与教研工作的分量相适应。

（二）一个可持续发展的团队

1. 一个核心领导

教研团队成员并肩作战在教学一线，但在教研过程中必须有一个业务过硬的学术领头人作为教研团队的核心领导。他应该有参与研究的问题意识，能就教学中普遍存在的问题提出解决意见；应该有参与活动的热情，具备扎实的理论基础和较为开阔的研究视野，在“百家争鸣”时，能够一锤定音，及时作出选择，明确教研活动前进的方向。这个核心可以是一人的“单核”，也可以是两人的“双核”。

教研团队既要关起门来搞研究，又要走出去交流。这时，核心领导的组织协调能力必不可少，他们需要安排团队的规划、协调团队成员之间的分工，同时要和学校领导层及时沟通，和区域内各学校加强联系，获得工作的支持。

教师成为核心领导往往不是简单的组织任命，而是需要获得团队成员的赞同和支持，应该是在学术能力或其他能力上得到大家的赞同，并且经得住实践的检验。所以，成为核心领导的教师要经过一段时间的磨炼，才能逐渐树立威信，获得成员的赞赏。

2. 可持续发展的梯队成员

教研团队以经验丰富的骨干教师作为主要力量。他们具备参与教学比赛的勇气和经验，教育理念更新快，对课堂教学有自己的见解，有参与课题研究的经验。他们能主动啃“硬骨头”，能够调动教育智慧，带领教师寻找理念与行为之间的差距，和其他教师共同成长。为此，要积极选拔优秀青年教师，和骨干教师进行结对。在团队活动中，骨干教师对青年教师进行帮扶，指导青年教师开展研究，青年教师可以在网络教研方面给予骨干教师以帮助。

3. 多样化的团队架构

教研团队基于校情开展工作，带有自身特色。因此，不同的教研团队在团队的架构上有所差异。

中心学校对辖区的学校进行重组，根据实际教学需要有多种组合形式：中心小学担任“领军学校”，负责统领辖区所有学校开展教研工作；根据地理位置、师资情况和教科研能力划分片区，每一片区设立基地学校；区域内学校根据本校特长，担任不同学科教研的基地学校。具体的团队架构模式有以下三种。

第一，以中心学校为单位建立的教研团队。由中心学校校长担任团队的直接领导，能够确保团队与校长的顺畅沟通，有利于直接贯彻学校的教育理念，及时反馈和调整工作思路。教研团队的核心包括业务型核心和协调型核心，也可以合二为一。在此种组织架构下，骨干教师和青年教师结对协同开展工作，有利于教研团队的持续发展。

第二，中心学校教科室指导下的教研团队。目前，农村学校仍处在发展的特定时期，为了解决管理和教学方面的问题，教研团队中的各校业务领导均占有一定比例。这样做能有效贯彻学校的改革理念，以行政的手段促进教研活动的顺利开展。其中，业务领导承担某一学科或某一主题的研究任务，加强了各校在研究中的主人翁意识。

第三，“领军学校”主导的教研团队。中心学校选拔学科优秀教师担任学科带头人，按照学校的整体规划和教科研内容，带领学科组的骨干教师和青年教师开展工作。这种架构能有效利用“领军学校”的优质教育资源，辐射引领区域内学校开展活动。但在此种团队架构下，要注意充分调研区域内学校情况，选拔优秀教师参与团队建设，提高各校的参与意识。

（三）一个清晰的工作策略

坚持以课堂教学活动为核心，以强化队伍建设为核心，拓宽教研渠道，将形式多样的教研活动科学组合，整体安排，辐射引领区域内各学校的教科研持续发展。

1.聚焦课堂

坚持以“课堂教学”研究为重点，以教育教学实践为素材，以“解决问题”为线索，通过课例引领和反思研讨，关注教学行为的持续改进，通过“计划—行动—观察—反思”的循环往复，实现教师“螺旋式”的进步，实现课堂教学和教科研质量的整体优化。

2. 教研辐射

通过各种形式的交流研讨，实现教学思想和教育资源的共享，以期改变农村教研力量薄弱的现状，实现以强扶弱，促进学校均衡发展。通过课题研究，培养教师的研究意识，关注自身教学的改革。

3. 优化队伍

搭建平台，让教师有参与教研、展示自我的空间和机会。全面提升教研团队骨干教师的能力，让其成长为地区拔尖的教学人才，在教科研方面能独当一面。强化青年教师培养，让他们快速成长，为区域教学贡献力量。促进教师队伍素质整体提升。

4. 完善制度

保证团队持续健康发展，在实践中研究可行的制度。通过制度规范活动，确保活动扎实运行；通过制度引导人，确保对团队成员的全面评价。教研团队最终将成为合作交流共享的学习型组织。

第二章　教研团队的活动策划和主要组织模式

农村教研团队是开展农村教科研活动的核心力量，要利用各种形式的活动，承担引领课堂教学改革的重任。教研团队策划和安排的活动，需要在已有的活动形式上适度创新。较大的教研主题可以选择跨区域的教研活动形式，如县级教研部门的活动平台；解决学校的突出问题，需要根据校情创新教研模式，适合自己的才是最好的。本章重点介绍教研团队开展引领工作的不同活动形式，包括区域教研共同体教研模式，具有特色的区域"一体化"教研模式，引进域外优质教研资源的强校、弱校合作教研模式，以及借助现代信息技术的网络教研模式。

一、教研活动的策划

开展教研活动需要教研团队周密的策划。策划的目的是让参与教研活动的教师在充分准备的前提下投入研究活动中。教研活动的策划既要推动"研"的前进，也要重视教师理念与行为的发展，最终促进教师的专业发展。

怎样策划教研活动，才能给教师以真正的帮助，真正促进教学实践呢？这是一个非常有意义的、充满智慧的课题。影响教研活动有效性的因素有很多，例如对参与活动教师的了解程度、活动组织者的基本理念和创意、教研活动流程的设计、教研活动的可参与性、组织者的经验和临场应对能力、组织者调动资源的能力，等等。依据顾泠沅教授和王洁博士的研究成果，结合本区域具体的教研活动经验，笔者认为，教研活动的策划主要包括以下步骤。

（一）根据教师需求分析，确定研修的主题

有效的教研活动必须是有的放矢的。不了解教师的需求，就不可能组织起真正有效的活动。所以，组织活动前教研团队要先做调研，对教师的需求和困惑作基本的了解，然后策划教研主题，明确活动目标。

了解教师教研需求的方式比较多，有座谈访问、问卷调查、开放性征集等，也可以拿出初步框架后征询意见。了解教师需求后，教研团队要善于在个体需求的基础上进行梳理，把握教师的共性需求，由此确定教研主题，并将需求贯穿到活动设计的过程中。王洁博士在进行大量实证研究的基础上，确定“公开、集中和筛选”的需求分析流程，非常有指导价值。

确定主题的具体方式也很多。教研团队可以在不断与别人比较、不断寻找教学要求与教学现状的差异的过程中确定主题。让教师有机会从不同的视角（如自我视角、他人视角等）重新审视、反思自己的教学，产生想“变”的愿望，并以此作为教研活动的主题。理论学习先行，让教师的习惯思维、做法与新理念、理论发生矛盾与冲撞，在寻找“哪些是可以努力的”过程中引发变革的意愿，并以此作为活动主题。

我们不能要求每位教师都对教学进行专题研究，但我们应该引导每位教师都去思考探讨如何改进教育教学工作，有了思考，才能提出更有价值的建议，为教研主题的征询提供切实有效的参考。教研活动的研究起点就是教师真正产生的困难和疑惑，把握住这个起点，教研活动的设计才能真正找准关键点。有活动组织者设计了开放性地征集教研主题的思考“支架”，示例如下（表1-1）：

表1-1　教师研究需求调查

填表人		教龄		职称		任教学科	
附议人							
实际工作中的问题与困惑							

续　表

填表人		教龄		职称		任教学科	
可能的原因							
已采取的措施与成效							
拟在今后采取的措施							
还需要哪些帮助							

借助此表格进行调研，从表格中我们可以发现教师的困难和归因，这是研究的起点；同时我们要引导教师有自己的研究设想，提出自己需要获得的帮助，发现教师团队的需求，这可以为策划教研活动提供重要的依据。

要让教师主动扮演教研活动“设计者”的角色，参与活动策划和设计的过程，让教师觉得教研活动能满足自己的成长需求，体现“教师是研究主体”的价值取向。要尽量避免让教师觉得参加教研活动是完成领导的任务，自己只是个旁观者，置身于活动之外。

在调查教师的需求之后，策划者应该明确提出教研活动的主题，就“为什么要举办这次活动”有明确的思路，对“这次活动试图解决什么”有基本的框架，对“活动可能会对教师产生哪些影响，有哪些收获”有所预判。

（二）活动过程和任务的设计

教研活动开展的过程中常有两种倾向：一是教师参与形式缺少变化，教师参与活动的积极性逐渐降低，这种倾向在学校教研组活动中比较普遍；二是受时间、空间限制，教师参与面窄，出现少数教师热情、多数教师冷观的局面。所以，教研活动需要设置参与性的任务，吸引教师融入互动，还需要丰富教师参与活动的形式。明确活动目标后，要着手进行活动的具体准备。笔者认为，教研活动的准备应主要包括以下几个方面。

1.确定活动的基本结构

教研团队要规划好活动的各个环节，包括哪些事要先准备，哪些环节要留有空间，事先准备事项的基本要求和注意事项有什么，事先准备的各个环节之间怎样联系，等等。

在策划具体活动环节时，一些细节也需要关注。如利用语言强调或情境设置，迅速引发教师们对教研主题的关注；通过现实反思，唤起参与者的切身体验；等等。又如设置热身环节，让教师熟悉教研活动的主要任务，感觉任务并不困难，从而更加轻松自信地投入任务之中。

2.呈现体现主题的研讨引子

所谓研讨引子是指既体现主题又激发思考的公开课或主题发言等，其往往是活动策划的重点。它的功能是促进讨论和生成，因此不能以确定结论的形式来呈现它。引子的设置要有利于研讨的聚焦，因此要挑选大家认为相对重要的问题和先要解决的问题。

3.设置参与度高的现场任务

只有为参加活动的教师设置具体的任务，才能使大家更好地融入研究团队。所以，教研团队要事先规划好教师能够现场思考或完成的任务，并形成促进大家深入参与的机制。

4.准备文本资料

教研活动不能仅仅停留在听一听、说一说层面，要适当借助文本载体，将明确的信息以及供延伸学习的资料发下去，以加深教研活动对于教师工作的影响。当然，随着科技的发展，电子资料的使用相对普及，因此，教研团队可以利用网络平台传递资料和信息。

5.促进对话与生成的预案和方法

促成有效对话与生成的教研活动是令人期待的，参与活动的教师希望有交流、有互动、有知识共享的对话，而这是教研活动开展过程中最困难的一环。

教研活动中的教师之间的对话不是统一思想，而是思想交流、知识共享。参与活动的教师需要彼此交流和质疑，展开批判性的对话。批判性对话的核心是让每位教师都实质性地参与到研讨之中。

活动策划者有时不敢为生成留太大的空间，一怕“生不成”，二怕意外的“生成”。成功的活动策划，应该对生成有所预期并有促进生成的预案。常用的促进生成的方法有：第一，现场点评。许多有价值的想法产生于教研活动的具体情境中，现场的即时点评会将不知不觉中形成的观点和建议点化出来。第二，进行有结构意义的追问与记录。如“这堂课在教学中究竟采用了哪些教学方法？”“为什么要采用这些方法？”“有没有更好的改进建议？”这种追问模式以及类似的有结构性的辅助记录表，会有助于参与者抓住关键问题。第三，随时思考与随手记笔记。目前，教师记录的常是所见所闻，但比此更重要的是所思，特别是教研活动现场瞬间闪现的念头，常常是最有价值的生成。第四，记录、整理与再研究。有些生成可能无法在第一时间被觉察，所以教师要养成事后再整理研究的习惯。如有条件，最好把研讨记录下来，方便事后再翻阅、研究，不断有新的收获。

策划教研活动时，要处理好预设与生成的关系。周密准备不是过度准备，更不是为了把教研活动当作“节目”流畅表演。充分准备不是为了展示，而是为了促进教师交流的“火花”的绽放。

（三）建立联系，利用多种专业资源

在教研活动准备工作中，应当做的很重要的一项工作是：寻找与教研主题相关的资源，争取专业支持。这种专业支持包括学校之间、学校与教研部门之间、学校与高校的合作等。

1. 人力资源

充分挖掘学校骨干教师的潜力和资源，实现优质资源共享。整合区域内的优质教育资源，优势互补，有助于解决区域内教育资源不均衡等问题。

2. 网络资源

利用网络分享教研资讯。教师可以通过网络平台，和不同地域的同行相互交流切磋。还可以利用网络建立教研文献资料和视频案例资源库等为

教研活动提供帮助。

(四) 行为跟进：教研活动的延伸

教研活动的收获与成效主要反映在两个方面，一是认识上的进步，二是行为上的改进。

1.达成共识

教师在参加教研活动后，要及时认真地把研究中关于教育教学改进的建议整理出来，以使后继的教育教学在新的“台阶”上前进。这个“共识”可以是指导教学行为的基本理念，还可以是进一步开展教学行为的操作框架。

2.行为跟进

教研活动应在形成共识的基础上，将研究共识转化为教学建议，并进一步转化为具体教学行为的改进，这才是教研活动的真正目的。

我们倡导以案例分析的方式研究和改进教研活动。教师可以从一类活动入手，总结同类型活动的经验，也可以从一次活动入手，反思活动的得与失，讨论提高活动质量的方法和建议。教研活动案例分析可以以议论分析为主，也可以以叙事介绍为主，还可以以活动实录的形式展开。活动案例的一般体例包括：第一，活动策划的背景（包括教师的需求分析等）；第二，活动的目的（明确要解决的问题）；第三，主要设计及意图（活动过程的设想）；第四，实施过程与重要细节；第五，收获与反思。只要教师重视教研活动中的收获与经验，那就是教研精神的体现。

二、区域学校共同体教研活动

目前，基础教育的改革与发展已经由数量的扩充转变到质量的提高上来，但部分农村地区由于学校规模小、教师人数少、基础设施薄弱等，教研工作仍难以有效开展，这也致使教师专业发展受到限制，从而制约着农村新课程改革的进一步深入，也制约着农村教育教学质量的提高。针对上述问题，我们要立足县域，力争探索出一条适合农村学校发展、适合农村教师专业成长的有效途径，以提高农村地区教研工作的针对性和有效性，促进教师的专业发展。濉溪县教育局倡导建立县域内学校发展共同体，域内学校之间互帮互助、合作交流，走上一条充满希望的农村教科研发展之路。

（一）深化课程改革，提升教研质量

只有整体提升了农村特别是偏远落后农村的义务教育质量，才算修补了“木桶”最短的一块板，使农村学生享受到优质均衡的教育。而要实现这样的目标，关键就是要不断创新农村教科研工作的形式，完善教科研工作的体制和机制，形成区域之间、学校之间以强带弱、以强促弱的教研互动局面，从而使分散的教研力量得以整合，达到优质教学资源的互补、共享，继而为推进课程与教学改革，提高教师专业发展水平和地方教育教学的整体质量提供强有力的支持，为促进农村教育的均衡发展提供可靠的保证。

1.促进学校文化建设、高素质教师队伍建设

教研活动的顺利开展需要学校加强文化建设，丰富校园文化内涵，在创新中教研活动才能释放活力。只有当教研成为广大教师专业发展的内在需求，成为他们专业化发展的主要渠道，他们才能全身心参与其中，才能在不断反思中学会思考，增强问题意识；在同伴间的研讨辩论中，学会交流与合作；在专家和教研员的引领下，提升研究能力和水平，最终获得更好的发展。

2.提升教科研活力

发展共同体教研，一方面为农村教师的成长提供了更多交流、互动、展示的平台，增加了他们锻炼的机会；另一方面，实实在在地解决了农村学校在新课程改革过程中遇到的一些实际问题，提高了教研活动的针对性和实效性。同时，充分发挥了农村学校教师教研的主体作用，加强了学校之间有效的交流和沟通，促进了片区各校整体性、集合式优势成果的形成。

（二）建立适合的共同体教研模式

整体参与、少数移动、分片进行、城乡互动的共同体教研活动保证了教研活动的全员性、互补性、连续性、时效性。这种类型的教研活动实现了教研中心的下移，体现了城乡教学互动，为农村地区教研活动探索了一条新路。

根据各学校所处地域和教研能力，在尊重学校意见的前提下，对共同体成员按片划分，开展“以课堂为重点，以区域互动、城乡结合为形式，以探索、总结、推广模式为方向”的共同体教研。在继承和总结以往教研活动的基础上，发挥区域内学校和教师的智慧，创立适合本区域内学校使用并可以推广的教研模式。

1.“主题研究”模式

所谓“主题研究”模式，就是将教师在课堂教学中存在的实际问题、困惑提炼为一个个研究主题，然后在区域教研中进行研讨并拿出解决方案，具体做法有“名师解疑”“专家引领”“案例反思”等。

“名师解疑”即共同体各成员共同制定研究主题、共同设计研究方案、内引外联、总结评估，阶段性进行经验推广，开展名师引导下的主题式教研活动。“专家引领”即基于共同体共同关心的问题，形成主题，寻求域外的专家现场指导，从而形成新的教学理念、教育思想、教学方法等，其是理论引领型的主题式教研活动。“案例反思”即以案例为载体，解决典型性问题，精选案例、明确指向、共同探究、形成方案、推广经验。

2.“临场会诊”模式

这类模式从教育教学实际入手，坚持随时教研与大型区域教研相结合，追求“临场会诊、资源共享，小中见大、以点带面”，以达到个性与共性的和谐统一。具体分为三种情况：

一是调研会诊。即共同体各成员学校教研组在深入教学一线开展调研工作的过程中，发现教学问题或教学亮点，及时反馈到共同体，召开共同体教研现场会，及时诊断并解决问题，及时总结推广经验。这种教研活动体现了“时时可教研，处处有教研”的灵活性原则，点面结合，在剖析现象的过程中，促进整体进步。

二是观摩会诊。这是指共同体学校之间开展观摩教学，由教师一起对授课教师讲授不力之处进行当场点评诊断，共同拿出解决意见的教研活动。此模式将重点放在分析问题、开出处方、帮助讲课教师和别的听课教师提高教学能力上。这种教研及时、切合实际，对问题的分析正确、透彻，是一种能较快提高教师理论素养与课堂教学技艺的教研模式。

三是教学质量会诊。即共同体根据学期安排，组织大型教学质量检测，召集共同体各学校校长、部分骨干教师进行质量分析。会上不但要讲成绩，更要讲差距、找不足，还要交流经验、畅谈打算、反映教学中的困惑等。在具体实践中，很多学校也长期效仿这种做法，对教学过程进行持续的会诊。

3.“课例引领”模式

这种模式以课例为载体，分为“多人同课循环”“一人同课多轮”“五同课”三种形式。

“多人同课循环”突出两个“多”，即多人同备一节课、多组循环讲同一课，目的是追求互动生成、共同提高。该形式大致流程如下：共同体教研组确定一个课题，分发到各成员学校；成员学校自主进行备课、说课、讲课，推荐教师参与共同体活动；共同体进行全体学校的汇课，课例展示完毕进行议课；经过对比、交流，形成有共识的教学方案。

“多人同课循环”多应用于教学比武。所有愿意参与的教师自动报名，自我推荐，然后按照参赛要求，自行准备，参加本校初选。各校选拔出的教师，参与共同体展示，将精心准备的教学技艺展示出来，经公开评议，选择优胜者，或者确定参加上级比赛的选手。

这种教研模式的开展，发挥了“公平竞争、鼓励争先”的竞争精神，建立起了优秀教师选拔机制，极大地调动了教师认真参与教研活动的热情，激发了教研活动的活力。优秀教师的选拔公开化、公正化，既能筛选出一批优秀教师，又能极大地丰富教研活动的内涵，有效地带动教研活动向纵深发展。

“一人同课多轮”是以“一个人”为核心，以多人辅助精雕细琢为手段，以推陈出新为目的的教研活动。也可以理解为，以特定课例为载体，解决某一类的教学问题，或者寻找同一类课例的教学模式。

这种教研模式的具体做法为：共同体教研组精心设定一个课题，然后在组内确定一名教师作为本次活动的执教者。首轮备好课后进行讲课，执教者进行教学反思，其他教师围绕中心议题研讨，对教学设计与实际操作中存在的差距进行详细分析，以弥补课程不足。然后，以执教者为核心，大家再备课，再讲课，再研讨，多轮循环，直至做得更好。

这种形式教研活动的最大优势是，本着机会均等的原则，每位教师都有锻炼的机会。在活动中，每位教师都是积极的参与者，大家备课时各抒己见、群策群力，展示时精力集中、成果共享，讨论时客观公正、态度诚恳，结束后意犹未尽、收获满满，其是最受教师欢迎的教研活动模式之一。

“五同课”即教研组各教师同备一节课、同说一节课、同上一节课、同评一节课、同反思一节课，目的是互动生成，人人成长。这种教研模式是先指定较好的教师上“引领课”，然后抽签定人再上相同内容的“展示课”，最后大家集中评课。教师在对比中寻找自身在备课、上课、评课、反思等各个环节存在的问题，弥补不足。活动中没有只听不说或只说不动的教师，大家集中精力搞教研，有力地促进自身的专业成长。

4.“名师工作室示范”模式

这种教研模式以县域内各学科名师工作室的本土名师为资源，以示范引领为依托，以城乡结对、送教下乡为形式，以提升弱校教学水平为目标，追求区域教学的均衡发展。同时，开展强弱学校的“城乡结对”，强校与弱校结对联合教研，能够通过强帮弱、优扶差的示范效应来提高教研能力薄弱学校的教学质量与教研能力。这些名师到教学相对落后的地区进行教学示范，将先进的教育教学理念、方法、经验传播到这些地区，使教研能力薄弱学校的教师通过听名师讲课、评名师的课、与名师互动研讨，不断提升自己的教学水平。

（三）共同体教研活动开展过程中的制约因素

1.评价滞后影响共同体教研活动向广度发展

共同体教研活动在开展的过程中存在评价形式单一，缺乏有效的评价机制的不足。教研活动的指向是教师的专业发展和教学质量的提升，因此，在这一过程中教师不能急功近利，而现实的评价多以产生的实效作为依据，这在一定程度上影响了教研的视野。对此，作为学校的领导要多一些包容之心，呵护共同体的成长，把共同体活动由教材层面、课堂层面、教学层面，上升到形成教育教学优质成果层面，办出学校特色、区域特色。

2.缺乏专业支持影响着共同体教研活动的深度

各校教研基础差异大，教师专业发展不均衡，加之区域广阔，致使农村共同体教研缺乏来自上层的高效专业支持，有些教研活动只能停留在浅表层次，缺乏研究深度。

3.教师科研素质偏低制约着共同体教研活动的进一步发展

参与教研活动需要教师拥有较高的文化素质与业务水平。但长期以来，不少农村教师习惯了按照自己的经验来教书，缺少改变的热情和勇气，对教研活动不感兴趣。有的虽有热情，但水平不高，只愿意倾听，不愿意积极思考、交流，收效甚微。

总之，教育必须打开门来，用开放、包容的心态去观察、欣赏、接纳他人的教育，也要把优秀的教育教学理念传递出去，为地区教育的发展贡献力量。同时，在教研活动开展的同时，应努力形成团结、协作、包容、共进的教研文化。

资料链接

关于建立濉溪县“课改学校联盟”及“学校发展协作共同体”的实施意见

各中心学校、局属学校、民办学校：

为进一步推进我县教育均衡、优质发展，打造“活力教育，魅力校园，高效课堂”，搭建县域教育合作交流平台，构建本土课堂教学模式，全面提高教育质量，促进教育公平，办人民满意教育，经教育局研究决定，组建全县“课堂教学改革学校联盟”及“学校发展协作共同体”。为此，特制定本实施意见。

一、指导思想

坚持以科学发展观和党的十八大精神为指导，认真贯彻《国家中长期教育改革和发展规划纲要》精神，以课改为抓手，通过建立有效机制，借助集体智慧，实现区域范围内教育教学交流、资源整合与课改实验项目合作，从而促进全县教育优质均衡发展，加速提升教育教学整体质量，最大限度地满足广大人民群众对优质教育资源的需求。

二、目的任务

1. 解放思想，建立机制，借课改凝聚人心，激发教师工作热情，增强学校发展动力。以首批教育教学实验研究基地学校（学科）为依托，搭建合作、研讨、交流平台，坚持“共建、共享、共进、共赢”的发展理念，实现“以强带弱，强弱联合，资源共享，优势互补，协作共进，整体提升”的目标。

2. 建立县级课堂教学改革学校联盟，着重研究、探讨、诊断、交流课改推进经验和问题，准确把握、及时校正课改方向，总结课改特色，减轻课业负担，提炼课改经验和课改模式，推出一批县域内学科课改品牌和优质学校品牌，引领全县课改健康发展。

3. 建立学校发展协作共同体，意在打破校际壁垒，加大教研协作力度，探讨区域学校合作发展路径，达到“交流互动、差异互补、共同提高、全面发展”的目的，有效推进均衡发展。共同体各成员学校之间要建立相对固定的支持关系并多向互动，逐步形成管理理念互补、教师教研互动、课改资源互助的共同发展模式。通过三到五年努力，力争在学区一体化管理、教育教学改革、管理水平提升、教育资源共享、教师专业发展、校园文化共建、办学特色创建等方面有所突破、有所创新、有所成效，进而推动全县教育健康协调发展。

三、基本要求

（一）“课改学校联盟”单位必须遵循下列要求：

1. 主要领导重视教育科研，分管领导积极指导并参与课改，学校教科室、学科教研组、年级备课组学习、研究、尝试课改的氛围较浓，教师参与教研和课改的积极性较高，能够出经验、出名师，在全县或者区域范围内能够发挥示范引领作用。

2. 有综合教育改革课题或学科课改实验项目，课改实验方案科学具体，理念先进，思路清晰，目标清楚，有实验团队、实验学科、实验班级、年级，并具有初步的阶段性实验成果。

3. 注重学校管理模式和机制创新，坚持育人为本，面向全体学生，实施精细管理，在师德教育、养成教育、自主学习、合作学习、评价改革、理念提升等方面积极探索，并取得有效经验。

4. 积极参加联盟校之间的观摩诊断、研讨交流活动及外出考察学习活动；定期举行论坛活动，在学校发展协作共同体中充分发挥示范引领带动作用。

5. “课改学校联盟”活动每学年不少于4次。成员单位实行动态管理，建立退出、增补机制。学校每学年报告一次课改工作进展情况。对于领导不重视，活动不参与，帮扶共同体学校不主动，教科室作用发挥不到位，课改推进不积极的学校，应当主动退出“课改学校联盟”；对于积极推进课改并取得明显成效的非课改联盟学校，课改学校联盟将吸纳为成员单位。

（二）“学校发展协作共同体”应当遵循下列要求：

1. 每学期初，“学校发展共同体”牵头学校与其他学校共同商讨制定活动计划报县教育股、教研室。各共同体学校根据工作计划开展活动，活动方式有共同体学校商定，每学期主题单项活动不少于3次。

2. “学校发展共同体”实行的是相近区域学校组团发展模式，成员学校要相互支持，相互学习，资源共享，优势互补，注重管理、教研和教改经验交流，全面提升教育质量。学校之间要建立校干和教师的定期学习交流制度和培训考核制度；可统一安排教研活动、业务检查和质量监测；要定期研讨教科室、教导处、年级组、教研组、班主任等工作；纵向研究初中和小学、高中和初中教育教学衔接问题；加强学生社团活动联谊和交流。

3. 实行“学校发展共同体”工作开展情况报告制度。学年末，共同体牵头学校要把本年度工作开展情况书面报告教育局教育股、教研室。

四、重点工作

1. 联盟学校、共同体各成员校根据目前课改实施情况和学校发展水平，采取自我诊断、互相诊断的方式，梳理学校发展优势和课改存在的问题，建立可借鉴共享的资源，找准创新点、突破点，不断提升管理水平和教育质量。

2. 联盟学校、共同体各校要以交流、研讨为基础，充分发挥联盟学校、共同体内各校的优势，多种途径搭建互动、互助、互学的平台。重点围绕精细管理、教研、课改过程中遇到的困惑和存在的问题，进行研讨交流。

3. 联盟学校、共同体各校可以搭建平台，采用走出去、请进来的方式加强与外地优秀学校、课改特色学校的互动交流。同时，也可以搭建网络平台，利用公共教育信息资源和学校内部资源开展网络教研等交流活动，创设浓厚的学习交流氛围，提升各成员学校教师的学习能力、发展能力和研究能力。

4. 联盟学校、共同体各校在定期开展活动的基础上，要注重总结积累管理经验和过程研究成果，并主动与兄弟学校分享。

五、保障措施

1. 成立课改协调小组。县教育局分管局长任组长，相关股室负责任人及教研员为成员。“课改学校联盟”活动安排具体由县教研室牵头、教育股配合；“学校发展共同体”活动由中心学校负责协调，排在前面的学校牵头具体安排。

2. 组建学科教研和课改骨干团队。由县教研室学科教研员牵头，成立由优秀学科骨干教师组成的县级学科教研、课改指导中心组，每学科每学段8—12人，具体研究、指导学科教研及课改工作。县教育局优先组织中心组成员外出学习培训，力争通过课改活动，推出一批名师、名校和名校长。

3. 聘请课改和教研专家顾问团。县教育局将根据实际需要聘请上级教研部门、课改先进地区以及高校学科教学专家为课改和区域教育发展顾问，并定期举办报告会、研讨会，到课改学校进行指导。

4. 建立教研和课改的激励机制。县教育局对积极组织教研和课改，在区域发展做出突出贡献的学校实行培训经费倾斜政策，对教研和课改取得显著成果的教师、校长和学校进行表彰奖励，在同等情况下积极参与教研和课改并取得显著成绩的教师评优评先和职称评定享有优先权。

5. 总结提炼经验，加强宣传。县教育局将借助媒体宣传课改经验，定期选编优秀教研成果和优秀学科实验报告，印发各校进行推广交流。

三、区域一体化教研活动

当前，农村小学之间的发展也存在不均衡现象，有些偏远学校甚至不能正常开展教科研活动，这导致教师的专业成长受挫，教育教学质量堪忧。单独依靠学校自发组织教研活动，已无法满足学生发展和教师成长的需求，必须实现和谐高效的区域整体发展，有效地打开个人思维的局限，发挥集体的智慧，利用教研团队的力量引领教师共同成长。如何优化整合区域全体小学的教师资源、智慧和创新能力，促进辖区内所有小学的均衡发展、共同进步呢？我们以濉溪县孙疃中心学校为例来谈谈区域一体化教研模式。

孙疃中心学校小学段区域教研一体化活动的开展，目的是发挥骨干教师教研优势，为全体师生提供相互学习、相互促进、共同提高的活动平台，提高教师的教学技能与水平，切实促进教师的专业化发展，进而提高全镇小学教研工作的整体水平。

（一）区域一体化教研活动的工作机制

1.区域一体化教研活动的定位

孙疃中心学校辖区内现有中心小学一所，村小九所，教学点六个。就教师人数以及教师的综合教学素养、教研的氛围而言，中心小学明显优于村小（教学点），教育教学质量也呈现较大优势。因此，用中心小学带动村小发展，是提高教师专业化发展，进而提高全镇小学教研工作的整体水平，实现区域协调均衡发展的必由之路。

在孙疃中心学校的统一研究和部署下，区域内所有小学进行了一体化教研活动。

第一，中心小学为龙头，村小为龙身。充分发挥中心小学的教科研优势，统一组织开展全镇小学的教研活动、管理全镇小学的业务，把整个中心学校辖区内的村小课堂教学改革都纳入其中，用“龙头”带活“龙身”的方式，促进所辖村小共同发展。

第二，选聘各学科教研组长和学科带头人，进行各学科集体备课与研讨。对各学科所有教师进行培训，明确本学期一体化教研活动实施方案和教研工作重点。集中学习研讨新课标要求，研讨制定学科教学计划。组织开展集体备课、业务学习、观课议课、反思研讨、阶段性检查与评价等教科研活动。定期举行教研组长及学科带头人会议，进行理论学习并思考、研讨、完善教研中存在的问题。

第三，实行教研联动协作，推进区域内课改实验。为了开展联片教研，建立教、学、研一体化的运行机制，中心学校采用“集中教研、分散活动”的实施策略，学科带头人和骨干教师分成三个专业支持协作组，带着任务、项目、内容全程参与、服务、指导各村小教研工作。与集中研讨相呼应，做到分工合作，协作攻关。教研活动实现了学校之间资源共享，进而促进了各学校、教师的均衡发展，缩小了域内各校发展差距，提升了教学质量，满足了周边群众对优质教育资源的渴求，提升了群众对小学教育的满意度。

2.区域一体化教研活动的制度建设

开展活动，制度先行。为保证区域一体化教研活动的有效开展，孙疃中心学校首先进行了制度建设。

首先，实行“三级”管理机制，即由中心校（决策层）、中心小学（管理层）、中心小学教导处（实施层）三层实行管理。在中心学校层面成立“区域一体化教研”考核委员会，对教研活动的组织开展、教师参与、教研效果、师资培训、资料建设等进行督促与考核，激励广大教师积极参与。

其次，成立以中心小学为首的区域一体化教研活动领导小组，并设立课改办公室，统一组织区域一体化教研的各项活动。后又陆续建立了课改领导小组成员及职责、课改领导小组例会制度、课改培训制度、课改督查及奖励制度、教师集体备课制度、一体化教研活动流程、一体化教研活动制度、一体化教研考勤制度等，确保区域一体化教研的组织、开展与考核活动按制度规范、有序、有效推进。

最后，由中心学校从区域内全体小学教师中评选优秀的教师担任教研组长和学科带头人，为区域一体化教研提供组织保障和人才保障。同时采用“请进来”和“走出去”以及校本研修等多种形式，对学科带头人进行培训和指导，大力提升学科带头人的专业素养、课改能力和服务意识。

3.区域一体化教研活动的团队组建

区域一体化教研离不开高素质的团队做支撑。孙疃中心学校小学段在长期的工作实践中逐渐形成组长管总，副组长分块，负责人管具体，12位学科带头人分头组织本学科组的教科研活动的工作机制。每周集中研讨教学过程中的得失，做到分工协作，努力建设一支高效率团队。为了适应教育信息化的要求，团队还聘请了信息技术老师做指导，对每次教研活动提供信息技术支持。为了加快青年教师成长，区域一体化教研每学年选取8—10位敢想敢干、锐意进取的骨干教师和青年教师为培养对象，在业务上、课改上让其多学习、多上课、多磨课、多反思、多练笔，通过持续的训练和培养，以期用青年教师成长助力团队成长，此举也带动更多老师自觉加入教科研和课改实验中来，促进了区域一体化教研活动广泛开展。

（二）区域一体化教研活动的工作实践

1.学初准备

每学年开学前，孙疃中心学校组织召开区域内所有小学校长会议，总结通报各校上一学年教研活动参与情况与效果，并宣读本学年区域一体化教研活动实施方案、教研组长和学科带头人名单、参与教研活动的任课教师名单，组建教科研团队。

孙疃中心学校还召开教研组长和学科带头人会议，明确学科带头人工作职责及考核方案，学习本学期区域一体化教研活动计划、工作实施方案并研讨制定学科教研活动计划和实施细则。

学科带头人要组织开展好本学科团队的具体工作，如解读本学期区域一体化教研活动实施方案和教研工作重点；对本学科教师进行培训，端正态度，统一思想；学习研讨新课标要求；研讨制订本学期学科教学计划；组织开展集体备课及教科研活动并留存活动资料；等等。

2.具体措施

第一，组织教师进行业务学习，组织观课议课活动并研讨，反思研讨上周教学活动中存在的困惑，安排下周的集体备课和教研活动。第二，每月一次对本学科组的二次备课、反思、作业、测试卷、教师专业发展考评报告册等进行阶段性检查、评价、记录，及时在学科组内公示。第三，中心小学每周定期举行教研组长及学科带头人会议，进行理论学习，并对教研中存在的问题及时跟进、研讨、补充、完善、提高。第四，区域一体化教研时间安排：活动日程按单双周进行安排，双周的周一至周五上午分别进行一至五年级的语文一体化教研，英语放在双周的周三下午。单周的周一至周五上午分别进行一至五年级的数学一体化教研，艺体放在单周的周四下午。具体时间以孙疃中心学校作息时间为准。要求每次活动都有详细的活动记录、全体教师的签到本和图片资料，并及时上传到教研群群相册中。

3. 考核评价

第一，每学期期末，学科带头人根据本学科教师的参与程度和深度，对其进行量化考核，考核结果公示后上报中心小学教导处，纳入教师的学期绩效考核。第二，中心小学教导处对教研组长和学科带头人进行量化考核，考核结果上报中心小学并纳入个人学期绩效考核。第三，在活动开展过程中，以中心小学为依托，在教学和教研上对域内小学业务坚持统一布置，统一检查，统一考评和统一奖惩，坚持整个学区工作一盘棋，实行统一模式备课、统一作业要求、统一教学研讨。由学科带头人引领、指导，以点带面，推进活动开展。第四，定期开展业务检查，及时反馈信息。由业务检查领导小组成员本着公平、公正、公开的原则，对各位教师的备课和作业分年级分学科进行流水检查，汇总后总结反馈。每学期不少于三次，并且要进行书面总结，及时进行公示。

（三）区域一体化教研活动的优势

1. 学科集体备课研讨——提质量共成长

区域一体化教研活动由学科带头人引领、指导，以点带面，推进活动开展。每学期开学前一周，域内小学全体教师分年级分学科分时段在孙疃中心学校集中，由各学科带头人负责解读学期教研计划和新课程标准，解析各学科教材设计特点，明确本学科的教学目标和重难点，制订本学期的教学工作计划。在开学前两周对教材分析研讨，进行集体备课，形成教案初稿。每个学科的“生机卡”[1]初稿由学科带头人和中心小学老师主备，学科带头人在组织学习研讨过程中按教学研讨日程安排，每两周举行一次教研活动。

学科带头人在引导和管理集体备课的过程中，要做到统一性和创新性相结合。统一中有自主，统一中有灵活，统一中有创新，其中创新性是确保集体备课质量的重点。集体备课以个体的独立备课为基础，把集体备课和个体独立备课有机结合起来。在集体备课前的准备、集体备课时的研讨、集体备课后个体内化吸收和外化操作的过程中，必须强调个体活动的质量。没有个体活动质量作保证，集体备课就不可能收到好的效果。狠抓“二次备课”的落实，大力倡导教师个性特长和创造性的发挥，以避免教学活动的同一性。

集体研讨是对课堂教学的补充、修正与提高。研讨活动主要内容为：理论学习、研讨教材、修改教案、观课议课、教学质量检测分析，并做好校本的填写工作。其中观课议课活动由每学科组选取本单元的重点进行研讨，谈教法、谈学法，选一人试上课，然后再进行研讨、反思、总结，形成定稿。如语文以课题研究为依据，注重学生阅读习惯和表达能力的培养，通过学语言，达到用语言的目的。数学教学采用“互助共赢”的方法，抓两头、促中间。数学教学中所提倡的合作，最常用的方式就是“一帮一”互助组，这种方式让学生之间相互帮助，取长补短，共同进步。

区域一体化教研活动的形式也是丰富多样的，如组织教学教研知识学习，提升教师信息素养；开展观课议课、无生上课、说课比赛、课件制作比赛、微课大赛、主题论文比赛、教师演讲比赛、青年教师赛课、同课异构等活动。以活动促教研，进一步提升了区域教研一体化活动的质量。孙疃中心学校也尝试让优秀教师巡回支教各学校薄弱学科，让优秀教师从真实的教学实践中找出教学中存在的问题，以促进各学校薄弱学科教师及时

① 生机卡即孙疃中心小学为生机课堂研发的导学案，包括“自助卡”“合究卡”“反馈卡”“顿悟卡”“生长卡”。该校期望通过生机卡的使用达到自主学习、自主管理、自主教育的目的。

调整教学思路，改变教学方法，弥补教学中的不足，让村小与中心小学同步发展。此外，中心小学也经常与村小开展“学生手拉手”系列活动，尽量缩小镇、村之间的差异，让村小的学生潜能也能被激发，个性得以彰显，主体得以张扬，促进中心小学学生与村小学生共同成长。

2. 制作使用生机卡——有创新落实处

一体化教研活动实行以生机卡为抓手的统一模式备课、统一作业要求、统一教学研讨。2012年起孙疃中心学校制定了《孙疃中心小学新课程改革下的教学模式实施方案》，拉开了课改的序幕。2014年，孙疃中心学校总结出“六五优学案”，推行“六五”课堂，开展“六五”课堂下的小组合作学习，形成了“生教育”理念，推出“生机课堂”教学模式。生机卡的设计包括“生机自助卡”“生机合究卡”“生机反馈卡”“生机顿悟卡”“生机生长卡”五个环节，借助小组合作学习打造生机课堂，通过生机卡让学生达到“三自”，即自主学习、自主管理、自主教育的目的。目前，孙疃中心学校“三自五卡”的课堂建模已初见成效。

3. 教研联动协作——促课改出成效

建立校本教研联动协作片也是区域推进课改实验的一种良好方式，为了开展联片教研，建立教、学、研一体化的运行机制，孙疃中心学校采用“集中教研、分散活动”的实施策略，以中心小学为龙头成立了孙疃、郭集、尤沟三个校本教研联动协作区；按语文、数学学科将十名学科带头人和骨干教师分成三个专业支持协作组，带着任务、项目和内容沉下去做研究，做到既有合作，又有分工，形成合力，协作攻关。专业支持协作组全程参与、服务、指导各个学校的教研工作。根据工作进程需要，时间可以延长。教导处每月组织一次“校本教研联动协作”工作例会，及时交流三个片区的研究信息、动态，分享研究体验与困惑，共同探讨问题、寻找对策。通过校际评课、校际互访、校际专研模式达到校际同行，实现各个学校互助合作、交流共享。联片教研可以通过名师引领培养新秀，通过结对教研共享校际资源。联片教研还可以解决教师教学中存在的突出问题，如解决教育教学方法问题、完善课堂教学流程设计、提高课堂教学效率、完善各校的复习策略等。联片教研要实现两手抓：一手抓片区各学校的校本教研的有效开展，一手抓名校、名师、骨干的辐射带动及联片活动的落实。在此基础上形成校本教研特色成果，实现区域统筹推进。近几年来，三个片区校本教研联动协作组开展了一系列卓有成效的工作，促进了校际资源的优化整合，弥补了薄弱学校教师专业力量的不足。联片教研已逐步形成以“校本”为基本概念，以促进教师专业成长为根本目的，以有效实施新课程为工作目标，以校际合作、区域联动、优势互补为行动策略的“大校本”教研工作机制。校际差距正在缩小，校本教研正在向纵深方向发展。

开展联片教研活动，也可以充分根据区域特点，在区域学校之间开展帮扶活动，实现各个学校之间的优势互补，搭建各个学校优秀教育资源共享平台。这对促进各个学校课堂教学有很大的帮助和启迪，也有利于推动地区教育教学工作的均衡发展，提高区域内各学校教育教学质量，实现教育的和谐发展。

（四）对区域一体化教研活动的展望

1.取得的成就

几年来，孙疃中心学校充分发挥中心小学在课改中的辐射、管理和指导作用，加强学校之间横向联动活动，共同寻找课改的支撑平台和发展抓手。区域一体化教研活动带动了区域内各学校共同发展，使得各学校校园文化焕然一新，教学质量显著提高。通过教研活动，大部分教师在专业技能和教育教学理论方面都有了一定的进步和提升。区域一体化教研活动不仅提高了课堂教学效率，促进了教师之间的团结协作，还带出了一批教学业务骨干，使各学校的教研和管理水平得到了不同程度的提高。

2.存在的问题

第一，教研气氛不够浓厚，有的教师主动性不高，缺乏对问题的深入持续研究意识，教师的自身素质有待提高。第二，教研主题不够分明，不够系统。学科组内教研活动的“教”与“研”分离与结合不够。部分研究可能还较为肤浅，流于形式。学科组内的公开课目的不够明确，只停留在浅层次的上课、听课、评课、经验总结等方面，很多时候仅仅是就课论课。第三，学期、学年之间的教研连续性差，各学科之间、各年级组之间缺少充分的纵向的联系与交流，缺少阶段性的反思与总结。第四，教研活动缺乏专家的指导与引领。

富有成效的教研活动是提升教育教学质量的捷径。尽管区域一体化教研活动还存在很多问题，但依然要风雨兼程，不断地探索践行。为推动域内学校的共同成长而奋斗。

四、基于学校精细化管理的“1+N”教研共同体活动

（一）“1+N”教研共同体的缘起及意义

韩村中心学校是一个典型的农村中心学校，距离县城四十公里，所辖9所小学、1个教学点，各校规模不同。韩村中心学校采用的是教研组长带领，“金字塔型”的管理模式。传统的教研组管理模式运用于地理位置分散的多校管理，容易造成管理效率降低。

韩村中心学校小学段教师的情况多种多样，有的教师是应届毕业生，熟悉教学理论，但是缺乏教学实践与经验，参与一线教学后，容易陷入手足无措的境地；有的教师有一定的甚至是丰富的一线学科教学经验，但学科理论研究欠缺；有的教师来自中学，可能所从事的教学科目不止一种。总而言之，韩村中心学校小学段受教师来源多样、类型复杂、受教育背景不同的影响，或多或少面临对待教研不能共融的问题。

从教研活动来看，不同层次的教师之间互助合作的能力不够，合作水平不高，在校本教研中自觉参与度和互动程度不高，合作研究共同体没有形成。其原因是：教研组的教研功能淡化，教研组的教学功能体现得较为充分，但科研功能，特别是教师培训和促进教师专业发展的功能体现不足；教研活动的主要内容是从事一些日常教学事务，如组织听课评课、进

行质量分析等，真正“研”的成分很少；教研组活动中，多关注现成的技术、经验的传授与获得，缺少对实践问题的关注及研究，这使得实践较多停留在感性层面上，无法真正实现通过研究问题改进与完善实践的目的。只靠几节公开课、示范课，几次简单的研讨活动无法解决现实问题。在信息化背景下，教师是教材的补充延伸者，是课程资源的开发者、研究者，只靠个人的力量不能有效解决实践中的问题，不能实现长远目标，不能促进教师专业发展，更不能推进学生的发展和学校的发展。因此，韩村中心学校构建了小学“1+N”教研共同体，以此促进教师专业发展。

通过建立新的“1+N”教研共同体，加强对教师的课堂教学案例的探讨和研究，采用适合教师发展的培训措施，这对于促进教师队伍整体素质和课堂教学效益的提高，有着积极深远的意义。

（二）“1+N”教研共同体的概念及活动形式

“1+N”教研共同体是以韩村中心小学及教研活动牵头学校为链头（即“1”），以教研参与学校为链点（即“N”），串校成链的小学系列教研互助共进型的紧密联结组织。“1+N”教研共同体核心成员为韩村中心学校教科室成员、各校选取的优秀骨干教师。核心成员负责教研专题设计、组织开展教研活动。

“1+N”教研共同体的活动形式有以下几种：第一，各学校在“1+N”教研共同体的统一安排下，有计划地走进辖区内各个学校，定期进行专题研讨和课例分析。在研讨、交流、分享中，使教学方向和教学手段更加明晰，学生素养提升方向更加精准。第二，在链头学校的统一策划、安排下，互派同年级同学科教师互相学习，共同提高和开展援教，让各校教师零距离、面对面地交流，既有实战科目，又有理论碰撞，在一对一的互动对接中丰富阅历，提升能力。第三，根据各校的科目优势和科目需求，有计划地开展送课到校。

（三）“1+N”教研共同体活动的开展及成效

韩村中心学校所辖各小学在韩村中心学校中心教研组的组织下，通过开展课堂展示活动、全员听课活动，交流研究信息和动态，分享研究体验与困惑，共同探讨问题、寻找对策，积极探索有效的教育教学实践方法和模式。

1.开展专题研讨，真正实现课堂教学中教与学方式的转变

课堂教学一直是教学研究的重点，课堂教学分析是提高教师教学技能的重要形式。最常态的课堂教学分析方法是课例研究，其从不同课型或研讨主题上体现课堂教学特点，开展诸如“高年级表达课教学”“低年级识字教学”等与教学设计、教学实施、质量检测、学生学习等相关的活动，致力于研究如何真正实现课堂教学中教与学方式的转变。

2.集体备课，让教学更有针对性

韩村中心学校所辖小学从二年级语文电子备课开始组织集体备课，开学前的备课任务按单元分到学校、分到个人，备好课以后轮流到各校研讨，并通过上课检查备课效果。集体备课能充分发挥群体智慧，促进教学效益的最大化。俗话说“三个臭皮匠，顶个诸葛亮”，一个人的力量毕竟是有限的，而大家在集体备课过程中，通过交流、讨论，问题越议越明，方案越论越好。“三人行，必有我师焉”，有的人对这个问题研究得深，有的人对另一个问题研究得透，大家在互相交流和学习中取长补短，优势互补，共同成长，发挥“1+1>2”的效益。

3.开展教学反思，促进教师成长

中心学校教研共同体以课例研究为主要渠道，让教师在授课过程中发现问题、研究问题、解决问题，促进教师在教学研究状态下进行反思，并把各校教师的教学反思收集起来评选出优秀的总结报告，在教研会上研讨学习，以此促进教师在反思中改进教学方法、提升教学水平。通过相互交流、学习，教师的课程实施水平、业务能力和教研水平都有了明显提高。通过教研共同体来加速提升韩村中心学校小学段教师课程实施水平与研究能力。

4. 在城乡教师互动中提升教研层次

韩村中心学校在形成多种形式的课堂展示过程中，首先在镇里各个小学形成优质课方案推荐到中心学校，然后由中心学校推荐到县，再请县里的专家指导，最后由教师进行展示。在展示的同时，还邀请淮北市、濉溪县的名师和本校教师同堂竞技，反复磨课、多次整合，通过交流，产生观念的碰撞、迸发出思维的火花，从而达成最优的教学共识，最终作为优秀课例进行推广。在这一过程中，以课例研究为载体，从讲、评、听等环节中逐步扩大教师的参与范围，依托教研共同体形成纵横结合的教研模式，提升了教师的教研能力。

5. 依托现代技术，推进网络教研共同体建设

在教研共同体所开展的实践活动中，网络教研是一个特别好的载体。韩村中心学校“1+N”教研共同体在教研活动形式上打破传统模式，以网上论坛、微信、QQ 群等为依托，开展在线研讨，为广大教师指点迷津，搭建了平等对话、交流的平台，引导教师从“山重水复”走向“柳暗花明”。不受时间和空间限制的网络教研，实现了教研活动网上直播、互动，拓宽了教研路径，大大提高了教师的参与度，让教师轻松教研，扩大了教研活动的影响面。

同时，中心学校教研组每学期期末都会收集每位教师的教学设计、课件、教学反思、教学论文、教学案例等教学教研资源，建立教案库、课件库、教学知识库等资源库，并且利用信息技术手段，上传至学科组群进行保存。每位教师都能在其中挑选适合的资源进行优化并应用于教学，而后上传优化的教学资源，逐步提升学科资源的质量。

6. 开展课题研究，促进教师专业成长

把教学和研究有机地融为一体，使教学与研究真正成为教师工作生活的一部分，使新的课例研究成为学习交流的阵地，这一过程使教师不断改进自己的教学，努力把每节课上得更好，进入研究的状态，具备研究的意识和方法，使学习、思考与研究成为教师的职业习惯。大家借助这一载体，展开行动研究，在这一过程中发现问题、分析问题、解决问题。如韩

村中心学校开展的市级课题“小学生课外阅读的探究”，该课题促使韩村中心学校小学段语文教师在小学生课外阅读研究方面更具有深度。

（四）“1+N”教研共同体建设中存在的问题

“1+N”教研共同体的建设使我们的教研展现了新的一面，但其中存在的问题也不少，主要表现在以下几个方面：第一，组织缺乏制度规范，活动的计划性还不够。第二，教研活动的深度还不够。教研共同体的活动能够围绕某个主题开展，但是课题研讨较少，对活动成效的反馈工作做得较少，还有活动安排的系统性、连续性也不够。第三，教研活动的质和量还存在一定问题。活动形式重于内容，真实效果未能体现，深度不足。缺乏领头的、专家型的教师引领，活动层次不高。

（五）优化“1+N”教研共同体的建议

1.加强教研共同体的制度建设

建议由中心学校教科室牵头，在调查研究的基础上，出台一个比较规范的工作条例或指导意见，以指导教研共同体开展工作，引导教研共同体向制度化、规范化建设迈进。

2.优化校际教研共同体的活动模式

校际教研共同体活动相对于校内教研活动而言，投入的时间、精力和经费要多一些，所以对活动的内容和形式更要精心安排，优化模式，提高效率。每一次活动都要有明确的主题，要有问题意识，活动后要及时反馈，如解决了或探讨了哪些问题，效果怎么样。在活动内容安排上，要选择教师教学中亟待解决的问题，同时，要积极倡导课题型研究，提高研究的科研含量。

“1+N”教研共同体的目标是实现教师能力的提高，最大限度地发挥出每一个教师和教师共同体的潜能，形成学科教研共同体的教研向心力，建设一个真正的“教研共同体”。这样一个由教科室教研员、骨干教师和一般教师组成的具有凝聚力与共同愿景的教研共同体，会把新的理念有效地落实到课堂和学生中去。

案例

大殷小学的李爱兰老师，在上四年级上册习作表达课时，从备课到上课，中心教研组都给予了指导，利用了高宅小学、韩村中心小学、尹湖小学三个学校的学生实践课例。她说："我上课由简单到难，然后由难转变为有趣、有意义。以前总以为教书很简单，所谓备课就是根据教材闭门造车，谁都能上。参加教研共同体活动后，突然觉得不会上课了，发现上课竟这样难。在实践过程中，我又通过教研共同体一点点找回自信，不断提升自己。"通过教研共同体活动中的集体备课，与专家、名师交谈后，她发现原来自己认为重要的东西有时候都是花絮，并不能走入问题的核心。在此次教研共同体备课、上课活动中，通过不断打磨，李爱兰老师上的课成了大家最想听的课。

在集体备课交流中，一些老教师的教学思想得到极大的转变。大李小学的余光东老师，由于不懂电脑，备课、上课他都不敢参与。在教研团队的帮助下，在集体备课中，他主动去适应新课程教学，认真学习新课程标准，更新教学理念，不断提高自身综合素质，积极钻研新教材，努力实践。不懂电脑，年轻教师就帮助他制作课件，教会他使用"班班通"，他终于大胆地走入课堂，上出精彩的课。（资料来源：濉溪县韩村中心学校教研团队）

五、区域强校、弱校合作的"协同"教研活动

"协同"教研是指教科研工作有活力的强校与相对薄弱的学校结对开展教研，以期达到共同发展的教研模式。通过结对，让条件相对优越的名校教师成为教研能力薄弱学校教师成长的伙伴和引路人，促进教研能力薄弱学校教师的专业发展。教研能力薄弱学校，尤其是农村教研能力薄弱学校，在自身发展的瓶颈期，需要外来力量的支持和引导，帮助学校理清发

展思路，提升自身发展能力。

（一）协同教研的工作机制

1. 协同学校的定位

教科研强校拥有优秀的学科骨干教师、浓厚的教科研氛围、完善的教科研制度和灵活多样的活动形式。而教研能力薄弱学校因为人才和环境的限制，教研工作缺少活力，不能有效促进教师的专业发展。协同教研可以有两种组成架构：一是县城学校与乡镇中心小学协同教研，二是乡镇中心小学与村小协同教研。笔者以濉溪县为例着力探讨第一种架构，选取濉溪县实验小学和徐楼中心小学的协同教研进行教学分析。徐楼中心小学有12个教学班，在校学生400多人，语文、数学两个学科教师共计24人，占全校教师总数的3/4。但学校缺少骨干教师，教研科研水平亟待提高。濉溪县实验小学业务领导前去徐楼中心小学支教，和徐楼中心小学的协同教研就这样自发形成。

2. 协同教研的开展路径

（1）依托优质学校骨干教师的指导和示范

优质学校学科骨干教师的指导，要切合教研能力薄弱学校一线教师的需要。请进来的骨干教师通过听课、议课，对课堂教学做出诊断，提出课堂改进的意见和教师发展的建议。骨干教师通过打磨课例和琢磨课堂教学细节，让教师从中学习到简单实用的教学方法，体会到设计环节中所体现的教育教学理念。同时，骨干教师亲自示范课堂教学，这样的课堂没有过多的修饰，更贴近真实的课堂。教师通过和自己的教学进行对比，发现不足，及时改进。

（2）以小主题的形式开展协同教研

听课议课活动的受益面相对较窄，活动的主题相对随机。教研能力薄弱学校按学科分类，找到本学科发展中遇到的问题后再开展协同教研，借助骨干教师的力量，理清研究思路；借鉴优质学校的经验，解决现实问题，不贪多求全，找准目标定位，在研究中积聚力量，形成能力。

（3）基于信息技术打通协同教研的时空限制

在教研活动的整个过程中，运用信息技术把不同学校的教师凝聚在一起，通过QQ群和网络资源平台开展课前评议、课后剖析和解读、反思后的方案优化等工作。骨干教师在网络空间的专业引领，打破了时空限制，在公开公平的环境中直达农村教研能力薄弱学校教师专业发展的“最后一公里”。

3.创新协同教研的形式

教科研强校和弱校之间的协同发展，并不单纯是强校把经验单向输出到教研能力薄弱学校，而是要让强校的教师到农村教研能力薄弱学校去亲身体验学情，感受面对截然不同的课堂、面对学习基础截然不同的学生所需要经受的考验，体验到教学真正是为学生服务的，学情的变化要求教师要顺学而教，发生改变。其实，强校教师在指导教研能力薄弱学校同行的过程中，也会深入全面地学习，自身的专业水平也会得到迅速提高。

目前，协同教研采用的是“行政独立，业务帮扶”的合作模式。业务帮扶的范围，除了学科之间的教学帮扶，也可以采用“管理输出”的形式，把强校在学校管理、班主任工作、校园文化建设等方面的管理经验推荐给教研能力薄弱学校。协同教研的开展，就是要在学校教研状况差异较大的情况下，寻找强校和弱校之间开展教研活动的共同之处。通过教研活动的推进，实现学校共同发展的大目标。强校和弱校之间的协同教研活动要经历一个融合的过程。开展教研活动的初始阶段，强校是开展活动的主导力量，是处在强势地位的，教研的内容、形式由强校确定。随着协同教研活动的深入，双方要用平等的眼光看待彼此，在相互交流中发现彼此教研活动的共同点，抓住共同的兴趣点开展活动，强校用自己的实践去影响弱校，最终完成自我超越，弱校在磨练中攻克教学中的疑难问题，最终提升教学能力。

（二）协同教研的优势

1. 同一个展示平台

对各学校而言，协同教研所提供的展示平台是相同的。教研能力薄弱学校的教师能站在这样的平台上展示自己，接受众多骨干教师的观察和评议，是一个挑战，也是一个机遇。这样的磨炼对教师的成长十分有益。正因为展示平台是共同的，所以骨干教师就要更加努力地展示自己的风采，把自己最好的一面呈现出来，为教研能力薄弱学校的教师做好示范。共同的平台能够带来的是共同的进步。

2. 同一个指导团队

教科研强校的骨干教师要到教研能力薄弱学校参与观课磨课的过程，这样才能真正发挥骨干教师的引领作用。使用经过专业指导产生的课例，教研能力薄弱学校的教师才有底气登上共同的展示平台，他们才会相信自己教研能力对教材的理解、流程的处理、教学活动的设计是符合教学规律的。因为有骨干教师的引领，参与研讨的教师不用担心自己的建议误导上课教师，参与研讨的热情会更大。

3. 同一个发展愿景

协同教研可以是一个教科研强校带动一个弱校，也可以是一个教科研强校带动多个弱校。协同教研以“研”作为突破口，力争实现强校带动弱校，实现教育资源的共享和教育的均衡发展。在研究的方向上，以课堂教学为立足点，寻找共同的教学重难点；以研读教材为出发点，发现共同感兴趣的专题。在研究活动的组织形式上，以提升专业技能为目标，开展形式多样的活动。

协同教研是不同学校教研内容和形式的融合，能够促进教研能力薄弱学校的发展驶上快车道，与强校在相同的道路上共同前行。教研能力薄弱学校在参与协同教研后，教师在课堂教学上的进步能够让老师和学生都受益。如何能让教师持续获益呢？就是要加强教研能力薄弱学校自身团队建设。在教研能力薄弱学校教师团队建设的过程中，强校的专业引领显得十分重要。教研能力薄弱学校的发展一定要着眼于课堂，让教师站得稳讲台，有效驾驭课堂。强校骨干教师也要走进教研能力薄弱学校的课堂，亲自诊断，找到解决问题的方案；教研能力薄弱学校教师经过反思，然后在课堂上运用、验证方案是否可行。在这样的反思和验证中，教师的教学能力将会得到质的提升。这种贴身指导，对于教研能力薄弱学校教研团队的成长十分有利。一是增长了教研能力薄弱学校教师的见识。农村教研能力薄弱学校的教师接收新信息的机会相对少，在骨干教师指导过程中，他们能学习到如何从不同角度发现教学中出现的问题、运用哪些标准去改正我们的教学，也能让教师在热烈的研讨氛围中感受到教研中迸发的智慧，让大家豁然开朗，感受到教研需要大家积极参与，这也有利于形成积极的教研文化。二是在研讨中学会如何关注核心问题，如何针对问题集中发力，做到一课一得，研有所获，不断发现问题，不断提升自我。教研团队的成员能在研讨中自觉参与研讨，主动寻求解决问题的答案，集体智慧的汇聚会形成教研的合力，为学校教研的持续发展提供足够的动力。

案例

区域协同教研助推乡村研修踏上新征程

区域协同教研是指区域内学校围绕计划的研究主题共同开展教研活动，濉溪县实验小学和濉溪县徐楼中心小学率先开展协同教研。实验小学利用优秀的教研资源，推进徐楼中心小学教研工作的实施，帮助乡村学校深入开展课堂教学研究，帮助教师更新教育教学理念，突破乡村教师在专业成长中遇到的瓶颈问题，实现教师的专业成长。

（一）协同教研，优质教研资源共享

传统的乡村教研活动以中心学校为单位组织开展，以学校出现的问题为研究对象开展校本研修活动，为教师的专业成长进行针对性的指引。在解决实际问题的过程中，学校研究力量相对薄弱，缺少学科骨干教师的专业引领，急需外来学科专家的指导。2018年，濉溪县实验小学任蕾老师支教徐楼中心小学，为协同教研的产生带来了契机。任蕾老师是濉溪县小学数学名师工作室成员，在指导教师课堂教学的过程中，感到乡村教师要快速成长就要开阔眼界。征得学校的同意后，她把徐楼中心小学的教研纳入实验小学的大教研。一个学期，两校协同教研每月开展一次，语文、数学、英语学科共开展九次活动，每次活动两校的所有教师都参加。活动围绕计划主题，分别由两校教师执教，围绕课例展开议课。乡村教师走进城区学校，切实感受实验小学的教科研氛围，学习实验小学开展教研活动的形式，通过真实的辩课议课，带来教学观念的变化。优质教研资源共享，为教师带来实实在在的收益。

（二）优化研修内容和形式

为了有效实施协同教研，教研组选取课改背景下课程实施过程中的重难点问题作为研修主题。围绕学科计划，合理安排研修内容，围绕“教材解读、学材选择、学情分析、教学实施”等环节，把教研活动从听课现场延伸到教学之前的研究和教学之后的研讨，力求教研活动的动态推进和教研生态的建构。

在研修形式方面，依托课题“信息技术下的农村小学教研团队建设的研究”的研究团队，采取线上与线下相结合的教研模式。线上，教师自主钻研首轮备课后上传至教研交流群，群内成员根据个人经验进行在线交流；线下，根据同伴互助修改意见进行二轮备课，集体备课、案例研讨由两校骨干教师和名师引领，合作研讨，解决出现的共性问题或教学实施方面的问题。学校业务领导带领备课团队全程参与活动，提出建设性意见和建议，完善研究形式，提升学科教师的业务能力和学科水平。通过扎实的教研合作，徐楼中心小学初步形成了学科教研团队，语文学科形成了以楚枫瑞和杨倩为核心的团队，数学学科形成了以孟欣为领头人的团队。团队的形成为学校未来的学科发展和教研工作的进一步推进，打下扎实的基础，也为未来探索农村学校教研团队的培养模式提供了参考。

（三）协同教研成果初显

通过近一年的协同教研活动的开展，徐楼中心小学的教研取得了可喜的变化。运用信息技术实现线上线下整合的协同教研，创新了教研形式，给教师提供了更多交流的平台，交流变得更加自由、民主、高效，教师实现了从“听你说”到“我来说”的转变，打开心扉，迎接教研的洗礼。由“说出口”到“说得好”，教师的课堂观察细致了，自我反思增加了，教学智慧提升了。除了共同的大教研，任蕾老师还把名师工作室的活动安排到徐楼中心小学，让徐楼中心小学的教师和本土名师面对面交流解惑，让名师走进课堂指导教师上课，用先进的教学理念推动徐楼中心小学教师的教学发生改变。徐楼中心小学的教师在2019年“濉溪县小学优质课比赛”选拔活动中积极报名参加，在整个中心学校的参赛选手中，中心小学占了三分之二。徐楼中心小学还举行公开日活动，课堂教学活动得到与会教师的一致好评。为了让教师形成研究的合力，实验小学指导徐楼中心小学教师申报课题，“信息技术环境下学生自主学习能力培养的研究”“‘班班通’助力农村小学数学优化课堂教学的研究”两项课题获市电教馆立项，目前已正式开题。（资料来源：濉溪县实验小学教研团队）

总体而言，协同教研打破了地理因素的限制，实现了区域内学校教研共同发展，为农村学校的教研发展和教师的专业成长提供了一条新的路径，形成了区域研修均衡发展的格局，解决了农村学校专业发展中的问题，促进了教研活动有序健康发展，提升了区域内教师的教学水平和业务能力。

（三）协同教研存在的问题

协同教研采用的是“行政独立，业务帮扶”的合作模式，这是一种宽松的合作模式，协同教研的学校之间并没有行政上的隶属关系，缺少行政上的约束力。尤其是优质学校以骨干教师个人牵头建立的协同教研，学校之间对于协同教研的时间、协作的形式、成果的评价都没有可以参照执行的办法，不能有效保障协同教研活动持续进行，教研活动的规划制订、活动主题和互动形式的选择等都需要双方的沟通和交流。当骨干教师离开后，教研能力薄弱学校的教研活动是否能持续开展，这也是需要关注的问题。

协同教研的弱校要多对以下问题进行思考：如何建立有效的联络制度，保持协同学校之间进行有效的沟通？如何寻找学校之间教研话题的共振点，制订教研计划？如何发现教学教研中存在的问题，有针对性地寻求帮扶？如何利用信息技术，创新教研活动的方式？如何在活动中培养自己的团队，为学校未来教研工作的开展铺路？

协同教研给教师带来的变化很大，教师不一定能从活动中找到直接运用于课堂的方法，但一定会引起其思想上的转变，通过教研活动让他们喜欢上教研，教师的专业发展在悄然进行。这些变化是显而易见的，没有哪一个学校看到这样的变化，还不主动寻求继续开展活动，也没有哪个学校会拒绝助力教师的专业发展。

六、丰富多彩的网络教研活动

网络教研是一种全新的教研模式，不仅可以最大限度地协调和优化各方的教研资源，组织多元化的教研手段，而且还满足了教师的个性化需求，为教师实现灵活化教研提供了便利条件。

（一）网络教研活动的优势

1. 教研资源的共享化

互联网融合了大数据技术，将不同城市、不同地区、不同学校的课程资源、活动素材等内容有效地连接起来，教师可以通过现代化信息技术随时随地查阅他们需要的教研资源，实现教研资源的共享和广泛传播，优化各方的教研资源配置，有效地提高教学资源的利用率。

2. 教研途径的多元化

传统的教研途径相对单一，教研活动受时空限制较多，教师的参与面相对较窄。随着互联网技术的升级换代，教师可以借助微信、QQ 等社交软件和钉钉等远程办公软件，探讨具体的教学困惑，充分交流信息，从而提高教师的职业技能。

3. 教研方式的智能化

随着智能化时代的到来，教师间可以通过网络直播实时互动，个人用户通过智能终端参与教研活动，大力地推动了教与学的系统化流动过程，方便了教师之间的沟通，提高了教师接收教研信息的效率，形成了可持续发展的教研流动状态。

（二）网络教研的开展路径

1. 营建教研活动新空间

转变教师观念，使他们对线上教研和线下教研同等重视；明确网络教研活动的正规性，网络教研活动的组织实施都是有计划地围绕主题进行的安排，不是随意的教研杂谈；引导教师参加网络教研活动，并从中寻找到提升自己专业发展的引路人和同路人，营建新的教研空间。

2. 打造有价值的研讨环境

网络研讨环境受研讨主体和研讨内容的共同影响。研讨内容有价值，研讨内容和研讨主体的需求相符合，研讨活动才能是有价值的。因此，网络研讨活动应以具体的活动主题为核心，依托网络技术支撑，实现对研讨活动主体的引导。

3. 塑造积极的文化认同心理

开放性是网络教研的显著特征，网络教研的这一特点要求网络研修参与者具有开放的心态和宽容的心理。开放的心态要求教师有共享意识，乐于将自己的研究成果予以分享。同时，开放的心态还要求教师有尊重他人成果的态度。网络研修参与者具有开放的心态和包容的心理，是营建共同的网络研修文化，使网络研修文明持续发展的关键。

4. 开展形式多样的研修活动

网络教研的参与者为来自不同学校，具有不同的知识背景，处于不同专业层次的教师。这就使得教师在网络教研活动中具有多元的需求和学习视角。就需求而言，有人需要先进教学理念的指引，有人需要具体的操作要领。不同层次的教师也有不同的专业需求，每一种专业需求都需要通过不同的活动来落实。专家讲座能让教师拨云见日、醍醐灌顶；视频观课、评课能让教师习得实践要领、事半功倍；读书交流能让教师丰富见闻；网络磨课能给教师答疑释惑，互相切磋教法……多样化的活动能尽可能满足教师的学习需求，增强研修的活力。

（三）网络教研活动的主要形式

1.通过QQ教研群开展教研活动

QQ教研群一般由分管业务的教研员或者区域学科带头人所建，运营管理团队一般由区域骨干教师和各学校领导组成。教研群生发于地方教育教学的土壤之中，在把握当地教育科研现状的基础上展开具有针对性的教研活动，突出教师业务发展的专业特点，这对于促进区域性教师教育教学水平的提升具有重要作用。

（1）教研活动负责人要权责明确

教研团队组织以QQ教研群为载体的教研活动时，要争取做到“有人策划、有人主持、有人引领、有人发言、有人整理、有人反馈”的“六有”分工。活动前有策划，相关负责人要规划教研主题，确定活动时间，拟发活动海报，布置群成员开展活动准备。如在围绕课例进行研讨活动中，要先把课例挂到网上，供大家提前观摩，要求各观摩教师有自己的思考和记录，为接下来的活动打下基础。活动时团队成员分工明确，活动主持人负责整体活动的流程调控，及时引导大家围绕主题展开讨论，避免话题脱离研讨主题；做好各个话题的简单总结；引导群成员在不同话题间进行切换；调动参与教师研讨的积极性，鼓励教师勇敢发表自己的观点。活动的引领者是教研团队的成员或区域名师等，其职责是在教师分歧较大时及时点拨引导，在活动的重要节点发表简短有力的观点，引领教师的专业成长。活动中的发言主要是活动前确定的主题发言人和参与活动教师的自由发言，鼓励教师说真话，提出自己的疑惑。活动结束之后的整理和反馈十分重要，研讨过程中信息量巨大，不利于教师全面细致地吸收不同的观点。团队成员负责整理并有条理地呈现各种观点，能方便教师了解交流的关键论点，便于学习，也能推动教研活动在日常教学活动的延续，让教研活动的价值得到更大的提升。同时，要及时了解把握参与教师的意见，以便调整教研的内容和形式。

（2）教研活动要主题突出

线上教研和线下教研一样，都要选择教研的“点”，即选择明确的教研主题，并要围绕主题开展活动。QQ教研群中研讨的话题一般与一线教师自身的日常教学紧密结合，“接地气”的话题会引起教师的共鸣。网络教研现场在一定程度上来说就是一个人人可以自由发声的场合，人人可以随时发声，并且可以发不同的声。有了明确的主题，就有了研讨的指引，研讨的范围也就有了明显的界定，大家在有限的时间内对问题才能有比较深入的探讨，做到“一研一得”。教研主题最好通过调研来确定，源于教学一线的主题才能最大限度地让参与者保持参与的热情和对活动的关注度。

（3）教研活动要着眼实效

有实效是以QQ教研群为载体的教研活动的生命线，因为网络活动参与者受组织者的管控较小，他们可能只愿意做旁观者，甚至随时可以离开活动，参与者寥寥的教研活动必定价值不大。活动现场要遵循“专家引领，骨干支撑，一线参与”的原则，专家现场发表高见，给予广大教师必要的专业指导，让一线教师与专家、教研员等引领者形成有质量的对话；要有“推波助澜”的骨干教师发言，提供新鲜话题，丰富教研的内容，起到更有力的“传帮带”的作用，让一线教师得到更多的收获。

案例

濉溪县小学语文首次网络教研活动综述

一、活动缘起

2019年3月28日，濉溪县教育科学研究室举行了一次网络教研活动。这是教科室首次进行网络教研活动。促成本次活动的原因是，网络活动前一周，淮北市举行了第二十届全国名师展示观摩活动，来自全国各地的六位专家为我们带来了质量很高的课例和讲座，为我们的活动提供了学习研讨的内容，我县有近300位老师参加了观摩活动。以上述观摩活动为基础，教科室和县小学语文名师工作室开展了本次网络教研活动。活动主题设置的范围较为宽泛——“我的发现——淮北市第二十届名师展示课的收获”，这样做让参与研讨的老师从自己感受最深的“点”出发来谈，让大家有话可说，不做旁观者。根据前期调研，我们把活动时间设定为晚上的七点到八点。

二、活动准备

网络教研活动是开放的，所有“濉溪小学语文群”里的老师都是参与者。大家都是平等的，发表的观点没有对错，只有观察角度的不同。同时网络教研活动又是自由的，参与者完全凭自己的意愿参与活动。面对新的教研环境，能有多少老师参加活动，能有多少老师发表意见，都是组织者要考虑的问题。为了吸引更多的老师参与活动，由高虎老师拟定活动公告，在群里发送，在活动当天反复发送，希望引起老师们的关注，从而积极参加本次教研活动。

明确活动主题，对本次活动进行充分解读，打消教师参与活动的顾虑。我以教研员的身份联系各校，希望各个学校都动员参与听课的老师参与讨论，没有听课的老师也可以交流自己感兴趣的问题。学习收获可以是一节课的观后感，也可以是对某一个环节的收获，把听课感受分享到群里，重点讲述新理念指导的课堂对自己的启发。本次活动不以任务驱动为教研手段，尽量调动老师参与网络教研活动的积极性，降低老师参与活动的顾虑。只是建议活动前老师先把自己的听课记录整理一下，以备在交流中发表自己的观点。

充分的宣传效果明显，在活动的当天上午，“濉溪小学语文群”成员接近五百人，下午群已经不能加入新的成员，一部分老师没能参与到活动中来。参与人数的增加给我们带来信心，各个学校已经动员了老师关注了我们的活动。只要我们的老师手机在，就会接收到活动带来的信息，感受到教研的力量。

虽然是开放式的讨论，但还是需要大的讨论主题。活动之前，根据观摩课的课型特点，我们把交流的内容定位为三个方面：（1）低年级的识字教学，（2）中高年级的习作教学，（3）古诗教学。本次活动把前两个内容作为交流的重点。本次活动嘉宾为濉溪县小学语文名师工作室的六位名师，她们负责在活动中围绕研讨内容发表观点、协助主持人回答老师们的疑问、补充研讨老师没有阐述明白的观点，和主持人一起共同完成网络教研活动。

三、活动实施

晚上六点五十分，活动热身。主持人在群里邀请群里的老师报道。一束束鲜艳的玫瑰花在屏幕上次第开放，一位位濉溪小语人在屏幕前耐心守候。

晚上七点，活动准时开始。

话题一：低年级识字教学给我们的启示

主持人引出讨论话题。他提出，低年级阅读教学课堂要抓住一个“趣”字，让学生爱上学习。要克服和高年级教学模式的同质化问题，充分了解学情和文本，把对于知识的学习和能力的养成渗透到教学环节中。

老师们围绕低年级许嫣娜老师的课，首先谈论了教师对待学生的态度。“一个老师自己先放下了姿态，和孩子们一起玩，以他们的视角看自己，孩子当然愿意和他一起学习，这样的课堂也是轻松的课堂。”李红亚老师说。很多老师都提到“姿态”，他们欣赏许老师对待学生的态度，俯下身子用眼光平视孩子。“要把自己当作小学生，成为他们的朋友。若是我们平时的课堂都能这样和学生一起玩，一起分享，相信一定会是快乐的课堂！”有的老师说。我们有理由相信，课堂不仅仅是用于传道授业，更有来自心灵的交流和沟通。另外，符合儿童的语言，越是接地气的语言，越能引起孩子们的共鸣，看似随意，实际鼓舞学习的兴趣。比如“你们打败了老师”，是从儿童的角度出发，这样设计更吸引儿童，摸透了孩子好胜的心理。这些都值得学习。

随着话题的深入，老师们谈论的焦点聚集在学生的学习上，更加关注学生如何习得知识，形成能力，并且关注这些过程如何能在不知不觉中进行。大家不约而同地选择了用表演的方式开展“问句”这一环节教学，这个环节包括通过比较发现问句的特点、认识问句、在表演情境中练习说问句。“指导朗读不是硬生生地跟学生说应该用怎样的语气读，而是让孩子抓住语气词、标点符号等去读，朗读的形式多样化，学习起来就不觉得枯燥，教学风格也充满人格魅力。”曹荣老师说。“朗读就是说话！许老师指导朗读时没有刻意的指导，没有强调一定要读出什么声调，而是让孩子们角色扮演。艺术源于生活，孩子们从生活中获得经验，经过许老师的点拨变成艺术呈现在课堂上。小羊、小鹿、小老鼠去问话，一个比一个可爱。看似没有指导朗读，其实无时无刻不在指导朗读。这样的阅读方式源于生活，又高于生活！”李明茹老师说。“问句包含疑问词‘怎么’‘为什么’，语气词‘呢’等，将语言文字的训练糅合在情境对话中，能力于悄无声息中形成。”郭宇祺老师说。

大家继续探讨了语文要素在教学中的落实。“低年级阅读教学需要有代入感，即四个字‘入情入境’，有方法地指导，才能让低年级课堂趣味盎然。在处理字的教学时，许老师通过让学生了解字的本义来学习‘扇’字，通过‘舞’字的结构想象舞者的姿态来记字形。”郭宇祺老师说。许老师还细致入微地指出“痛、扇、遇”半包围结构中包的位置不同。

话题二：中高年级习作教学的收获

大家最初谈论的依然是教师亲切的态度感染了学生，但是学生何尝没有感染老师呢？语言是打开心灵的钥匙，有了好的引导语言，才能激发学生储藏的生活宝藏，生活闸门开了，涌现的就是鲜活的语言。写出自己想说的话则水到渠成。陈金龙老师丰富的语言给每一位老师都留下了深深的印象。蒋庆玲老师在交流时，真切还原了陈金龙老师的教学语言，给人留下深刻的印象。“我说我长了两只眼睛，两只耳朵，一张嘴，在茫茫人海中，你能找到我吗？人海茫茫，我亦茫茫，你肯定找不到！首先得写他（她）的长相上的特点，不同于张三不同于李四。接下来介绍他（她）的性格特点，或温柔，或暴躁，或沉稳……你能用一件最能体现他（她）这种性格特点的事来证明吗？你能根据他（她）这个特点给他（她）起个雅号吗？”

老师们对指导课的意见比较统一：打开学生的思路，搜寻记忆中的事物—尝试选择印象最深的—最想写哪一个方面—围绕语文要素“写清楚”。看似简单的教学过程，教师依据学情循循善诱，围绕“写清楚”做文章，在让学生猜、说、评、比的环节中逐渐清晰构建自己心中的那个人（那件事）。抓住一点而为之，一课一得，踏踏实实打牢习作的基础。

好文章都是改出来的！“两节习作课最精彩的地方，我觉得都在指导学生修改环节。修改扎实、有效，体现了学生习作能力的提升。修改的时间很充足，从自改到教师评改再到例文引路，学生的确收获很大。”马红梅老师说。习作修改与其把时间花在圈画学生的错别字和病句上，不如将精力集中在对学生作文思维路径的指点上。

话题三：古诗教学

张立军老师的课突破传统，立意较新，循循善诱，水到渠成。大家的评价是“舒服”“震撼”“佩服得五体投地”。这是一节创新的古诗教学课，是发展学生语言、思辨、交流能力的范本，也是对学生开展忧国忧民、热爱祖国的情感教育的范本，给老师留下深刻印象是理所当然的。

“之前我一直在思考课堂上教师教了哪些内容，而学生真正学到了什么。听了名师的课之后，心里一下明朗了许多，把‘教’转向‘学’，便不必纠结。老师真正做到了以学生为本，由学到教、以学定教。”“课堂上一定要引领学生自主地发现问题，提出问题，解决问题，最后得到情感的升华，不是为完成课本内容而对学生直接灌输知识。”一节古诗课给人留下的最深刻的印象不应该是气势磅礴地朗读吗？不应该是情感的激烈碰撞吗？在这里，大家感受到的都是教师引导下的自主学习。张老师朗读功力深厚，课堂上大家都期待着张老师能“秀”一下，没想到张老师只示范读了一遍，也不是表演式地读，把读的时间“让”给了学生，让张学生读出自己的感受，让学生自己去构建属于自己的爱国情、忧国心、报国志。老师们看到了，也会把这种观念带进自己的课堂。

大家对古诗教学设计体现出的整合教学、群文阅读理念赞赏有加；采用诗人跨越时空的对话既锻炼语言表达能力，又抒发情感，让人赞叹；现代诗的嵌入、仿写出人意料，又感人心魄。一切的一切，巧妙又水到渠成，指引着我们教改的方向，也让平凡的我们找到了前进的目标。

晚上八点二十，活动结束。比预计的时间推迟了二十分钟。

四、活动反思与展望

我们顺利完成了全县小学语文首次网络教研活动，活动历时八十分钟。展示课上“看得到”，网上讨论环节“说得出”，一次高质量的教研活动可以让教师把优秀的教学策略手段沉淀在自己的教学经验中，源源不断地为自己所用。交流是沙龙式的，大家随机发表自己的观点，观点在这里汇聚，形成共识，修正个人意见的偏差。从这一次成功的网上交流活动中，我获得以下经验。

首先，要注重团队的合作。从活动策划、前期准备、活动的过程，一直到后期的文字处理，濉溪小学语文教师团队都群策群力，为活动尽一份自己的力量。名师工作室成员贡献了自己的教育智慧，董秀华老师为后期的文字处理做了很多工作。在陈莉主任的带领下，开发区中心学校多位老师做了精彩的发言。众人拾柴火焰高，只要大家都愿意参与进来，就成功了一大半。

其次，研讨的内容要丰富鲜活。执教课例的名师来自北京、江苏等地，他们所在区域课改推进早，能带来先进的教育教学理念。其中两位老师带给大家“学习共同体”和“课程整合”的理念，让人耳目一新。课例内容丰富、课型多样，涉及小学各个学段。这些都为研讨提供了丰富的材料，让参与研讨的老师有话可说。

再次，专业引领很关键。在研讨的过程中，主持人对讨论“掌舵”，根据公告中的讨论主题引领大家研讨，避免跑题或者议论散乱。研讨中，要及时总结特别有价值的发言，给予肯定。

最后，要及时进行线下的沟通。研讨在线上，但讨论的话题选择、活动的成效、收集活动的建议都需要在线下进行。通过访谈或调研，找到问题的症结以及时纠偏，找到活动亮点，总结推广。线下活动做得实，才能让网络教研活动更接地气，让活动和老师的教学有机结合在一起，让老师们感到活动不是负担，能从中有所收获，为己所用。

根据调研的反馈情况，笔者认为未来网络教研活动的开展需要做以下调整：

第一，确定主题。我们根据年段和课型，把研讨的内容确定为识字教学、习作教学、古诗教学，针对确定的内容展开研讨。有老师认为，大家发言积极，但讨论的内容有些宽泛，针对性可以更强一些，建议依次按每节课来交流，这样会使网络教研活动做得更实。在后续的活动中，我们会结合线下的活动，确定主题，保持线上、线下研讨内容一体化。确定研讨主题时，把主题设计得精巧一些，保证在有效的时间内解决一个问题，保证研讨的质量。

第二，讨论话题要深入。有老师认为，大家对于课堂中好的地方如果有共识，那就探究好在哪，这样才能学以致用。在研讨的方法上，提倡抓住典型片段，进行深入探究。典型片段教学有很强的示范性，因此，要让大家围绕案例展开讨论，再议论明晰教学的价值在哪里，有哪些可取之处。这样的方法更适合于一线老师，老师们可以结合自己的教学实际来谈，做到学用结合。

第三，参与面更广一些。我们后续继续调研老师参与活动时的心态，鼓励更多老师参与讨论。未来，我们希望采用轮值的方式，让学科教研好的学校来主持活动，参与整个活动流程，从“跟着”教研到“领着”教研。（资料来源：濉溪县教育科学研究室）

2.利用微信公众号等平台开展教研活动

随着网络信息技术的飞速发展，网络社交平台越来越被更多人接受，成为人们交流信息、展示自我、欣赏外面世界的窗口，也成为人们生活中不可或缺的一部分。微信公众号作为微信社交平台的一部分，可以用于教科研活动，也可以作为展示教科研进程、推广教科研成果、获取反馈的重要窗口。其工作机制就是，公众号展示只是教研活动呈现的载体，教研活动还是以线下持续开展为主，教师可以通过公众号获取公众的评价意见。

以安徽省教育信息技术课题“基于信息技术的农村教科研团队建设的研究”课题组的微信公众号为例，课题组核心成员来自8所不同的学校，每个学校都参与公众号的运营。课题负责人根据教研活动的主题和整体教研工作安排，要求每天由不同学校提供展示资源。每一个学校围绕自己的研究工作，组织和丰富材料，整理上传。提供资料的过程可以使教师及时对过往工作进行梳理，同时也是对教研经验的总结，培养和锻炼了学校教研团队的骨干力量。

只有将微信公众号的教研展示和线下教研活动相结合，才能让公众号有源头活水，为公众提供新鲜的教研信息和教研成果。要保证公众号的持续运用，需要做好活动的规划，不断丰富教研的内容，开拓教研展示的项目。在疫情期间，濉溪县实验小学的教研团队，在公众号中推送“教师群英谱”“挑战作业”“大家来议课”等接地气的内容，通过网络组织开展教研活动，调动了教师的积极性，增强了教师的荣誉感。

其他网络平台也可以开展类似的活动，网络拓展了教研的空间和时间，但不同平台有不同的吸引力，我们更愿意选择大家都能接受的平台。

3.微课教研

微课是微型教学视频课例的简称，其教学内容可以是一个知识点，也可以是对一个问题的讲解，还可以是课堂的某一个环节。从来源看，微课可以是教师就某个问题专门讲解录制而成，也可以是课堂实录某一个片段的截取。从时间看，微课一般五到十分钟，短小精悍，指向明确。微课是近年兴起的新的课程资源形式，在教学的多个方面被应用。在教研活动中利用微课资源进行研讨，是很好的教研方式。

微课资源可以是精彩教学视频的片段，也可以是根据研究主题需要剪辑的教学视频，还可以是专门制作的具有研究价值的片段。

微课教研的优势体现在以下几个方面：一是活动很轻松。微课的一个重要特点是短小，一般十分钟左右。一次性活动时间短，看一个微课视频，然后一品一评，两三个微课视频的研讨不知不觉就过去了，而且教师的讨论交流自然轻松、活泼。二是主题更突出。微课因为微小，因此主题更突出、更明确，这契合了当前流行的微教研的价值取向。教研不要求面面俱到、求大求全，抓住某一个方面或一个小环节开展研讨，可能更能提高研讨的有效性，更能促进教师专业技能的提升。三是参与教师的兴趣更易被激发。微课也很重视设计，所讲内容少，往往更能体现设计的巧妙。筛选设计巧妙的微课用于教学研讨，能激发教师的研讨兴趣，使教师印象更深刻。

微课教研的组织实施分为以下几个步骤：首先，在目标定位上，以解决问题为导向。教学具有很强的实践性，教研的目的就是聚焦教学中遇到的真实问题，利用群体智慧进行探索、解决。如可以对教学中的新问题进行专项调研，按重要性、紧迫性进行评价、排序，精选出若干问题，开展以解决问题为主题的系列活动。

其次，在技术手段上，注重混合协同和互动共享。随着智能终端、移动互联技术的广泛运用，微博、微信等新媒体的全面普及，人工智能的不断创新，教育信息化正为教育工作带来全新的机遇。混合，就是积极探索“互联网+教育”的多种实现途径，通过录播、直播等技术和远程网络，重构教研的时间与空间，实现线上与线下的结合，现实与虚拟的联通。协同就是协调多方力量，做好任务分工，整合各种资源，做好优化配置，以避免精力耗费和资源浪费。互动，就是要加强对话和交互，扩大参与的广度和深度。共享，就是通过平台建设，实现资源的流动和互转。让每个人都成为学习者，每个人都成为培训师，在彼此分享共同研究中进步。

最后，在组织方式上，集中式教研与分布式教研相结合。针对关键性的问题，经过科学选择、精心策划，侧重于研讨共性，集中研讨焦点，借助群体的智慧，找到解决的方法。针对个性小巧的主题，多选渗透在日常教育教学工作中的话题，通过同伴的力量可以得到及时处理，教研的方式可以灵活自由，一方面满足教师的个性化成长的需求，另一方面让教师时时处处体会到教研的乐趣。

网络跨时空交流的特性，拓宽了专家学者与一线教师交流的空间，充分发挥了名优教师的专业引领作用。网络教研也促进了教师专业发展主体意识的自我觉醒和发展，有利于凸显教师学习主体意识，是教师由“教书匠”成长为“研究型教师”“学者型教师”的重要形式。

第三章　教研团队的课堂教学研究实践

教研团队的主要工作是以教育教学中的实际问题为研究对象，并将研究成果应用于教学实践，这些研究的主阵地是课堂。课堂教学是教研团队研究的重点。针对课堂教学实践的研究，我们选取了四个重要的研究方式：集体备课、磨课、评课、说课。这些研究方式覆盖课堂教学的全过程，并为大家所熟知，但学术界对其仍缺少深入的研究。我们结合相关理论成果和自身的实践，对这些研究模式进行详细解读，力图让农村学校教师真正了解并学会运用。

一、集体备课——如切如磋，如琢如磨

集体备课是一项最平凡、最普通的教研活动，无论学校大小都可以采用这种备课方式，其为大家熟知和接受。广大农村学校一直采用集体备课，主要原因如下：一是农村学校师资专业发展不均衡，一些教师教育教学观念陈旧，缺少对新课程的理解和实施能力，集体备课能引领教师熟悉新理念，适应新课程；二是集体备课要形成课堂教学的预案，解决“教什么”和“怎么教”的问题，直接关系到课堂教学的质量。因此，无论是教师或是学校的管理层都非常重视集体备课活动。农村教研团队一定要熟悉集体备课活动的具体操作流程，在活动中为教师提供新的教学理念和适用的教学方法，提高教师理解教材、运用教材的能力。同时，以集体备课为突破口，不断反思，探索科学合理、重点突出的教研活动操作策略，采取切实有效的措施，促进教师专业发展。

（一）把握集体备课的阶段任务

观察各个学校实施的集体备课，可以发现相对规范的集体备课确实在减轻教师备课负担、教师间互相取长补短方面起到了一定的作用。但同时也暴露出来许多问题，其中最大的问题在于集体备课过于追求形式上的统一，而在内容上逐渐趋向于个人备课的简单叠加。教师备课任务减轻了，但对集体备课的内容进行消化、吸收、补充、修改却没有跟上，个人备课的再认识、再创造的过程也打了折扣。一些备课组将各章节平均分给各位任课教师，由大家分头撰写教案，然后合订起来复印给大家，以这样的个人教案之“和”作为集体备课的成果。一些备课组充分利用现代信息技术优势，大家分头到各大教育网站中，搜集下载与教材内容相匹配的教案合订起来；有的备课组虽然也组织研讨活动，但大家都“十分尊重”主备教师，主备教师基本包办了代表集体的教案。大家以集体备课形成的“通案”为纲，遵照执行，但不同风格的教师面对不同基础的学生，如此“通用”也是问题百出。这种眼睛紧盯着“完成教案”的集体备课，遗忘了备课的本质，教师没有学会“教学准备和思考”，即使完成了教案也是不成功的集体备课。

要规范集体备课流程，笔者认为，应将集体备课的具体操作分为三个阶段：在学期初，每个年段（或年级）确定备课组长（组长可以由教研团队成员担任，也可以通过考察确定），由组长制订备课计划，对备课内容进行分工，由各个教师分头负责各章节的初步教学设计。在学期中，先请备课人根据计划提前备好课，并将教案在备课活动前两天分发到每位教师手中，再请大家根据自己对教材的理解和学生的实际情况，思考和充实每个环节，甚至修改、删减或增添某些教学环节。最后由备课组提前一周集体研讨，由备课组长主持，先由备课人作中心发言，介绍自己的备课思路、设计意图、重难点突破等，再由备课组成员发表意见，达成共识，最终形成既能体现本班实际又能体现个人教学风格的高质量的教案。在学期末，将备课组的计划、活动记载以及各人编写的教案、中心发言稿和最终教案定稿，装订成册存档。

（二）建立首席教师制度

学校聘请教研团队成员或者各学科组中教学经验丰富、教学水平高、熟悉年段教材的一位教师担任本学科的首席教师，主要负责对集体备课内容的指导，并对教师集体备课后的教案和中心发言稿进行审核。这一制度一方面能够保证教师的备课活动可以得到经验丰富的教师的指导，另一方面也有利于形成必要的监督，防止个别教师视集体备课为减轻工作任务，而没有对教案进行再创造。但在首席教师指导过程中，也要避免形成权威意识。特别是年轻教师，会觉得首席教师的许多意见很好，便不敢提出自己的想法，从而在一定程度上抹煞了教师的个性。或者有个别教师认为反正大家要评议的，备课差一点也没有什么关系，由此导致其备课或中心发言稿质量不高。

（三）让教师学会备课

集体备课的重要任务是引导教师做好教学准备和对教学内容进行思考，为此要加强集体备课研讨环节的规范性，把集体备课工作的目标定为“让教师学会备课”。教研团队按照备课的规范，细化教法研讨的准备和实施环节。要求备课组在每次活动前，认真完成并提前分发主备教案，做好主讲发言的准备；要求备课组长做好主持工作，调节教师讨论气氛，做好讨论内容的及时记录。

对主备教师如何撰写主备教案和准备主讲发言，也要提出更为具体的要求。主备教案要做到以下四个方面：第一，有教学目标、教学重难点、教前准备、板书设计；第二，每一课时要有教学要点、教学流程、作业设计；第三，为减轻教师负担，要求语文教师第二课时写详案，数学教师新授课内容写详案，其他学科一个课时一个详案；第四，兼任教师提倡写教后反思，以写教与学活动中的亮点或不足为主。

主讲发言应包括以下四个方面：第一，站在教者、读者、作者或编者的角度对教材内容进行深入分析；第二，对教学设计的意图进行说明；第三，对教学环节设计的分析，重点放在目标的达成与重难点的突破设计的分析上；第四，说明层次性作业设计的意图，而不仅仅是介绍自己设计了哪些作业。

在形式和要求的统一下，也要关注集体备课可能带来的问题。如整齐划一的分组活动安排、操作形式基本不变，而实际教学内容却各有特点；集体备课后，教师负担非但没有减轻，反而有所增加；开始研讨时常有收获，反复磨课备课后渐渐淡而无味；教师们对集体备课的依赖性加强了，自己的思考少了，对预案的深入调整少了，学校要求教师独立备课反倒变成了苛刻要求……形式和要求的统一在集体备课的初期发挥很大的作用，教师不打没有准备的仗，教师为备课认真准备、积极思考，积极性也很高。但由于学科、教学内容、学情的差异，需要对不同学校、不同阶段的集体备课活动进行灵活处理。基础薄弱的学校需要坚持，让教师适应“参与式”的教学研讨，把自己的真实想法表达出来；对于师资发展不均衡的学校，要更多以首席教师或备课组长的演说为主，领着大家学习。

（四）让教师有思考地参与集体备课

集体备课的真正目的不是坚持集体备课，而是要让教师学会备课，让教师以后不依赖集体也能高质量地独立备课。虽然集体备课为教师们提供了相同的剧本，而不同的教师面对不同的学生会怎么样呢？教师实际使用的教案应该是在集体讨论后生成的。教师有思考地参与是推进集体备课取得成效的新的要点。集体备课在发挥集体智慧，提高教师对教材的理解水平后一定要强调教师应从自己的实际出发，从学生的实际出发，对集体备课成果进行具体适当的取舍和调整。具体做法可以归结为以下四度调整：

一度调整，即每位教师的教学风格不同，执教班级的学生实际情况有异，辅备教师在集体备课活动前，应抽时间浏览主备教案，参阅相关资料，结合本班学生实际做一些调整，进行个性化的“裁剪”“修饰”，注上个人见解，对主备教案作教前的设想调整。

二度调整，即为了实现信息的交换、资源的共享、智慧的碰撞，教师在参与集体备课时，在主讲发言后，应根据主讲内容从不同角度、不同侧面谈个人见解，讨论交流对主备教案的调整，并在听取大家对主备教案的调整意见时，积极思考，博采众长，做一些调整修改的记录，以便形成一个合理的、个性化的教案。这样的集体备课既是集体智慧的结晶，也是个人智慧的激活。

三度调整，即课后对教学预案的实施情况及自己的教学处理进行反思，精心琢磨所得、所失、所感，实时整理思路，调整心态。尽管教学预案对学生可能遇到的问题做了充分考虑，但事先的设计与实施总会有一定的差距。课后教师也常会发现某些美中不足，所以教师还应将自己课后的反思分析也记到教案中。教师可以记录成功之举，可以记录失败之笔，可以记录教学困惑。三度调整还可以以教学案例的形式记录教师在教学活动中的经历与思考。

四度调整，即在下一次集体备课活动之前，一般要针对上两周的教学内容，由教师交流各自的教后反思。大家可以就教学内容处理、训练题设计、学生学习表现等情况进行交流，针对一些共性问题来反思调整教案中不适合学生实际、不符合学生需求的环节，并设计可行性方案。这是教案运用于课堂教学后给教师带来的深刻感触，可以使教师尽可能地弥补教学中的缺憾。交流过程中，还要求教师及时跟进思考，广纳众长，对教案作补充调整。

为强化教师“调整”的意识，以及学会运用“调整”促进教学改进，要求教师各次调整采用不同颜色的字来标注，如一、二度调整用蓝色，三度调整用黑色，四度调整用红色。

（五）从“工作应急”到“深度设计”

目前，教师对规范备课程序的要求基本掌握，可以以反思分析的眼光去参与备课讨论，个性化地吸收调整的意识已经具备。但备好一堂课，上好一堂课，并不是几个制度和活动的操作流程所能解决的，教师期待着在活动研讨中进一步提高自己的教学设计能力。教师对教材的理解达到最佳程度后，一定要强调从自己的实际出发，对集体成果做适当的取舍和调整，才能真正获益。

集体备课应适当减少备课的课时覆盖面，让教师在掌握备课方法后自主备课的课时稍多一些；突出一些体现教学方法比较典型的课时，或教师教学实施中容易感到有困难的专题，加强对教学处理中的典型问题的主题性的指导。

集体备课不能满足于教学过程设计的优化，它要反映教师分析和解决教学问题的能力。因而在条件渐渐成熟时，将集体备课演变成以教学讨论来解决教学问题的教研形式，并逐步开展案例反思研究与微型课题研究，从关注现象到切入问题，从工作应急变为方法指导，继而深化为主题研究。只有这样，集体备课才能真正成为教师专业发展的有效载体。

二、学会磨课——吹尽黄沙始到金

团队的教研活动不能另起炉灶，而要充分利用大家熟悉的教科研活动，重新梳理活动的流程，充分挖掘流程中没有发挥作用的环节，合理利用各种资源，提高教研的效率。而大家最熟悉的教科研形式莫过于磨课。我们要重新审视磨课，认识到磨课是大家集思广益的过程，因不同认识、见解的碰撞和交融促进教师思维的提升。磨课利于团队的协作，在交流中达成共识，在研究中寻找教学过程中存在的问题。

（一）营造良好的氛围

教研活动应该是去功利化的，活动开展的动力来自参与成员对于教育教研的热爱，来自团队成员之间的相互鼓励与支持，参与成员要在研究的过程中解决问题，感受集体教研带来的乐趣。

1.营造民主平等的活动氛围

在磨课过程中，每个人的意见都要被尊重。只要是基于课堂教学的意见，没有对错之分，只是看问题的角度不同，解决问题的办法不同，教学经验存在差异。拥有不同教学经历的教师给团队带来的贡献有差异，如青年教师更直观地感受课堂，关注师生合作、教师表现等问题，言辞犀利；而骨干教师更多关注教学理念、教材分析、教法运用等深层次的问题，表达委婉。针对此，团队成员应本着一颗真诚的心，在教研中应该吸取不同人的观点。

2. 真诚专业

教研活动的目的就是通过活动实现教师的专业成长。备课团队一般来自同一区域的学校，教学基础相当，成长的最有效的手段就是群策群力，相互激发，相互影响，激发每一位成员的潜力，更好地解决问题。教研活动的整个过程需要团队成员怀着探究的心去发现，学会倾听别人的意见，对别人的意见做出反应、评价和积极应对，和别人进行有效的交流。

3. 分工协作

教研活动的观察议论环节有时观点多、差异大，问题的切换快，如果没有有效的分工，众说纷纭，收效不大。以一节课的研讨为例，执教者面对教研团队成员的意见，进行分辨、接纳、吸收，但问题切换较快，他们很难记住这些意见。这就需要一位成员及时对大家的观点进行分类，择其重点记录，活动结束后提供给执教者。协作是黏合剂，把团队成员的关系变得越来越牢固。教学辅助工具（课件、教具、学具等）的准备、对课堂的观察、紧张心理的疏导等执教者本身面临的问题，需要团队成员给予帮助，要有“十根筷子牢牢抱成团”的团队精神。以濉溪县某农村学校为例，农村学校青年教师参加市级比赛是极度缺乏经验的，针对此，校领导带队倾全校之力进行研讨，往返市、县进行请教。在一次试讲环节，多个团队成员齐动手，组织学生分组、分发教具、协助调试课件，课前把所需要的教具分组打包，方便课堂上有序高效地使用，看着忙碌的同伴，参赛的青年教师发自内心地感到温暖。

（二）熟悉流程

研究始于问题，教师在解决问题的过程中形成经验，获得成长。问题研究的一般流程为：确定问题、归因问题、制定方案、实施方案、观察效果、分析效果。一般的教科研活动都会经历自主反思、群体协同和实践检验的过程。就磨课的整个过程而言，我们要经历以下七个流程：

第一，教研团队要结合学校校本研修制订活动计划，让研讨活动跟进教学，方便学校组织。

第二，确定研究的问题。提倡开展主题式教研活动，确保研究的指向明确，研究的主题可能贯穿一个学期，可以延长或者缩短。从研究的主题中分解出不同的研究问题，以课例为载体进行研究。研究的问题要经过前期的调研，经教研团队提炼才能最终确定下来。根据提炼的问题，选择相应承载问题的课例进行研讨，并布置教师参与设计。

第三，基于个人经验的备课。教师根据选择的问题，在备课的过程中有目的地去解决。备课需要经历三个过程：首先，教师自主备课。在备课过程中，教师应自主探索教材，用两到三天的时间，阅读单元教材，明确教材前后知识间的联系，明确编者的意图；阅读教材的“两头”，即单元“前头”的提示和教材“后头”的练习，从中发现教材的重点所在，围绕重点开展教学，从而有效完成教学任务。在阅读教材的同时，教师还应认真阅读教师教学用书，对比发现自己的解读与教师教学用书解读之间的差距，发现自己没有关注的问题，修正自己的备课方向。其次，教师依据自己的理解备课完成后，再阅读相关杂志、登录网站进行资料查询。查询是为了解决自己在备课过程中，不能解决或者有疑惑拿不定主意的地方，借鉴他人成功经验，解决自己存在的问题。但是教师也要注意避免全盘接纳、来者不拒，或跟着他人的设计走，抛弃了自己的设计。最后，在借鉴的基础上，完成自己的设计。提倡教师在首轮备课的过程中要备详案，这样更能有效展示自己的想法。根据设计，完成课件的制作，准备组内研讨和首次试教。

第四，教研团队的协同备课。教研团队围绕教师提交的教学设计，进行备课研讨。各成员参加备课研讨会议，根据自己对教材的钻研，对教学设计跟进评论，重点关注需要解决的问题在设计中是否得到体现，对教材的解读是否准确等。团队成员也可以分工协作，修改设计。这个过程也是备课教师质疑、解惑、梳理思路、优化细节的过程。教研团队应群策群力，在研讨环节逐步理清解决问题的思路，以备在教学实施环节进行验证。执教者根据团队的意见，修改教学设计。

第五，观课。教研团队的观课议课指向问题解决的维度，团队成员围绕解决问题的策略、活动设计进行协同分工观课。团队成员观察点不仅要放在教师的“教”上，更要放在学生的“学”上（借助观课量表进行观课，效果会更加理想）。观察授课教师的设计是否符合学生的实际，学生是否愿意学，是否学得会，教师的预设是否正确，面对变化的学情教师能否进行有效调整，来完成预定的教学目标。磨课的价值取向在观课议课中也要体现出来，即关注学生的成长和发展。观课的过程不是简单解决研究问题的过程，我们还要关注教师在教学中的成长，尊重教师的独特见解和选择，把课例作为教师成长的珍贵资源来看待。记录教师在师生对话、教学语言、教学机智、课堂生成等方面的精彩表现，让教师自身在磨课的过程中感受教育的魅力，提升教育智慧。

第六，课后评议。要围绕教研活动主题开展研讨，关注问题解决过程，确保评议环节的点不分散。将实际生成与预设做对比分析，认同或者不认同都要言之有理，不认同的要有修改意见。评议时，人人都把自己的观察和思考说出来，上课的教师要认真倾听、思考，参与对话交流。评议的价值不是对执教者的课例进行点评，知道课例的好与不好，而是要发现存在的不足，帮助其修正。团队成员既要会“看病”，又要会“开药”。

第七，实践反思，修正备课。执教者要趁热打铁，根据团队成员的建议，从学生的学习状况中发现优点、弥补不足，找出有效的教学策略，调整和修改自己的教学设计，及时展示，并寻求帮助。团队成员要及时记录自己的思考，形成经验，并将其变成自己教育理念的一部分。观课议课和实践反思的环节，可以根据需要做下去，可以是“实践—反思—再实践—再反思”的研究过程。这样教师会养成在研究状态下工作的好习惯，从而实现团队每个成员的专业成长。教师的专业成长是一个渐进的过程，在课例修正的过程中，吸引全体教师不断投入其中。作为团队的带头人，要保证环节不缺失，及时准确地解决问题。

（三）优化团队架构

目前农村学校教研团队学科骨干教师储备不足，成员的结构分布不能达到阶梯化配置。团队组织者都担任一定的行政职务，通过行政化的手段更容易开展工作，形成一定影响后再逐步优化团队结构。

1.团队架构

教研团队架构比较理想的是三层架构：团队领头人—骨干教师—优秀青年教师。不同层级承担不同的任务，领头人要负责活动的整体规划、教研方向的选择、活动的组织和开展。骨干教师更多是在执教研究课和与同伴互助中发挥作用，在具体的案例中寻求解决问题的办法并形成一定的经验。优秀青年教师需要在指引下逐步熟悉过程，在丰富教育教学理念的同时开展研究。如果把团队比作雁阵，领头人无疑是头雁；骨干教师紧随头雁，推开气流的压力，并随时准备着变换队形适应环境的变化；优秀青年教师和骨干教师一起形成了整个雁群，在活动中成长，在未来冲到领头的位置，带领大家飞行。

2.在活动中确定领头人

在教研团队中，经常遇到不同意见交锋的情况，互相不能说服对方，谁都不能有充分的理由来证明自己的观点是正确的。这时候，就需要一位“一锤定音”的成员，选择一种观点，用以在课堂教学中实践检验，这个人就是领头人。领头人需要有更多的热情投入到研究中来，为团队付出更多的精力，贡献更多的智慧。在团队形成的过程中，领头人要做到教学展示能“做出来”，议课时建议能“说出来”，同伴互助的教学修改能“改出来”。教师肩上承担多大的负重，相应地就能收获多少成长。

3. 骨干教师的相互配合与支持

在磨课的过程中，教师要充分做好课前的学习，课中的关注，课后的查阅与思考。团队成员是相互支撑的关系，“领头雁”再强大，也不能一个人飞向远方，需要同伴互助，携手共进。

团队需要理想，但不能理想化。活动如何开展，需要各团队成员集思广益，付诸实践，按照磨课步骤进行尝试，促进教师的发展。

案例

搭建成长之“桥”　在磨课中成长

“当手磨出了老茧，就会成为好的庄稼把式；当刀磨出了利刃，就会省去许多砍柴的工夫；当课一磨再磨，就会磨出更多的精彩。”这是特级教师王崧舟的精彩言论。四月伊始，我非常荣幸地代表潍溪县城关中心学校参加了濉溪县全县展示课活动，在感到高兴的同时，更多的是沉重的压力。因为我深知，要使一堂课成为高效课、精品课，就需要不断琢磨，不断切磋，不断修正，在切磋与修正中呈现课堂的精彩。

回忆打磨上好《桥》这节课的历程，就像蝉蜕蝶变一样。从最初的人物形象凸显到语言表达特色的点拨，到最后单元组备课及小说阅读特色的挑战，对“教什么”的迷茫，终于“磨”出醍醐灌顶的明朗，从而领悟到“初极狭，才通人。复行数十步，豁然开朗”之境界。

一、初磨，紧抓人物言行凸显光辉形象

《桥》这篇小说塑造了一位普通的老共产党员的光辉形象，面对狂奔而来的洪水，他以自己的威信和果断，沉稳指挥，将村民们送上跨越死亡的生命桥，他把生的希望让给别人，把死的危险留给自己，用自己的血肉之躯筑起一座不朽的桥梁。文中大量运用环境描写、长短句相间、多种修辞手法等，渲染了紧张的氛围，烘托了老共产党员的高尚品质。

基于这样的解读，我将教学的重点聚焦在语言表达的特色上，尝试讲解个性化的语句章法及长短句对语言表达的妙处，然而多次试讲之后，发现目标定位偏高。磨课组的老师就提出，这种面面俱到往往面面都做不好，还会使其他环节只能蜻蜓点水，不能深入体会情景，达不到情感熏陶的目的。于是我决定走出言语品悟与赏析，尝试一种新的挑战。

二、再磨，争创“求实求简”的课堂

否定是一个很痛苦的过程，超越更不是一件容易的事。面对老师的多种意见，我重新归纳总结，决定放弃环境描写句子的赏析及人物高贵品质的解读，改为让学生找出环境描写句子，以读代讲，让学生在读中理解，在读中感悟。反复读、多角度读，以读为主线关注学生的学。以自读、合作读等多种形式来深入文本，引导学生个性化阅读，利用视频入情入境，帮助学生深刻理解课文，激起共鸣，真正有所感悟。这时戛然而止，引出故事的结局，点出老汉和小伙子的关系，进而总结小说的写作特色：巧设悬念，顺势引出写话的环节，揣摩老汉与小伙子的矛盾心理，落实语言的实践性。

但是，在这课堂的诊断过程中，弊端也慢慢浮出水面，这种只读不对句子进行赏析及人物进行剖析，好像内容空洞，不够扎实，有些孩子并不能深入文本，只是为读而读，而且板书设计不够简洁直观。我再次请教磨课组的专家，大家你一言我一语发表着各自的真知灼见，恰恰是这种近乎“体无完肤”的评课，才为后来课堂的蝶变重生积蓄了勇气和力量。

三、最后磨，以“单元组”及小说阅读特点，上出小说的独有味道

历经两次艰难的磨课之后，离上课的期限越来越近，我只能以归零的心态重新研读教材，至此，本课教学“教什么”“怎么教”的备课思路终于显山见水，再次回到本组课文的选编，这四篇课文有散文有小说，内容生动，人物鲜明，表达了作者丰富美好的情感，课文在表达上各具特色。而《桥》在环境的描写上、语言的使用上（精炼、干脆）以及文章结尾都极具特色，每篇课文在表达方式上亦有相似的地方，于是我以一篇代一组，读中带悟，悟中带写。

我将课前交流也做了改动，注重引导孩子有礼貌地与人交流，并结合《杨氏之子》的“应声而曰”，考验孩子的应机反应能力，引出小说，结合小说的三要素及其特点进行教学，点出环境描写抓住扣人心弦的一个情

节，让学生体会老汉舍己为人、一心为公的高贵品质，同时让学生体会结尾的“意料之外”又在“情理之中”。在这个过程中，我又增加了词语教学，渲染了故事的悲壮色彩，让学生为之动容，达到了震撼人心的效果。

最后，教学内容“学练结合”，由老汉和小伙子的动作描写和语言描写延伸到心理描写，让学生学以致用，与文本、人物对话，使人物形象更丰满。对人物的这种刻画方法，不仅从这一篇到这一组，还可以到整本书，读写联动，既关注“单元整组教学”的特色优势，又落实培养学生“正确使用祖国语言文字”的保证。当然课堂的发挥也有遗憾，学生的主动思考还不够，课堂的教学机智还有待提升。

反思是静静的成长，在这一磨课的历程中，我反思很多，也收获很多。磨课就是一种发现，磨课就是和智者对话的过程，每次创新思维的火花都是在和同伴、专家的理念撞击中产生，感谢一路上陪伴、帮助我的老师，也愿每个处在磨课中的老师都能磨出课堂的精彩，磨出人生的精彩。（资料来源：濉溪县城关中心小学 徐胜男）

三、学会评课——视其所以，观其所由

农村小学教研面对的大多是小规模学校，观课议课是这些学校较为常见的教研活动。在观课之后，要么评课议课环节效率不高，要么评价比较零散，不能提出有研讨价值的问题，要么骨干教师和业务领导“一言堂”，缺少必要的交流和互动，教研活动止于上课，对教师以后的教学活动影响微小，也直接影响了整个活动的质量。农村小学教研需要建立一种评课的形式，让教师使用这种形式进行评课，打开教师的“话匣子”，在此基础上让更多教师参与课堂教学研讨，并最终形成评课议课的能力。无论是教研团队的成员或者是参与活动的其他教师，借助这样的一种形式都显得十分必要，这样既能减轻评课的难度，又能聚焦核心问题，对课堂教学做出有价值的指引。

（一）“2+2”评课模式提高教师的参与度

参与农村教研活动的教师大多接受了师范教育，但他们没有接受过系统的有关教育评价的训练，课堂观察缺少成熟的专业化观察工具和评价维度。在农村学校的教研活动中，听课教师来自不同学校，听课活动没有合适的分工和合作。课堂观察的设备和技术比较欠缺，没有比较现代化的观察方法，不能全面系统地观察课堂，这就是农村评课的现状。农村教研团队要从实际出发，探索评好一节课的形式，尝试从基础做起。

针对上述问题，我们可以试行“2+2”评课模式。所谓“2+2”评课模式，就是要求评课人在评课交流环节，至少提出两个可以说得清楚的优点，提出两个剖析清楚并让上课人心悦诚服地接受的缺点或改进建议。这种模式在没有实质性建立起教研制度的农村学校，尤其是农村的小规模学校发挥了重要作用。教师可以尝试利用这种模式，在听课的过程中发现上课人的优点，仔细思考存在的问题并提出改进意见。这样就容易打开教师的“话匣子”，形成教师之间的有效对话。在熟悉该模式之后，农村教研活动可在此基础上进行改进，根据情况适度调整，让教师在观课议课的过程中发现并总结别人的优点，针对缺点提出自己的修改意见，不断锤炼教师的课堂观察技能，提高听评课的水平。

（二）“2+2”评课模式助力教师成长

农村教研活动的组织者和教研团队的成员，是在工作实践中不断摸索学习工作方法的。听课肯定是必做的功课，如何评课就是一件相当有难度的事情。目前，学界对于评课有不少较为成功的方法，如罗增儒教授提出的“三维度15视角”和崔云滮教授提出的“四维度20视角”，但这些方法的实际运用效果却不太理想。究其原因在于，一个人根本无法兼顾那么多的观察点，因此，必须借助于团队的力量才有可能综合观察和评判一节课。

“2+2”的视角从哪里来呢？此时，罗教授的15个观察点和崔教授的

20个视角，可以作为评课发言的支撑。下面是罗增儒教授和崔云滺教授关于评课角度的论述。

罗增儒教授建议抓住三个主要视角来认识课例：第一，学科的视角（主要看学科功底），包含内容结构、知识构建、学科概念、学科论证、学科思想5个要素；第二，教学的视角（主要看教学能力），包含教学目标、教学要求、教学方法、教学过程，教学效果5个要素；第三，特色的视角（主要看创新亮点），包含内容处理有新意，教学风格有个性，教学设计有亮点，突发事件有情节，其他创新亮点5个要素。最重要的是教师能从这些视角里看清基本事实，并用这些事实去分析相关的教学案例、解释相关的教学行为。

崔允漷教授团队开发出四维度20个视角的课堂观察工具简要可陈述为：一是学生学习：准备、倾听、互动、自主、达成；二是教师教学：环节、呈示、对话、指导、机智；三是课程性质：目标、内容、实施、评价、资源；四是课堂文化：思考、民主、创新、关爱、特质。

我们在课堂观察和教研活动中，要自觉尝试运用这种模式。但作为教研活动的组织者或者农村教研团队的成员，在评课议课的能力上应该具有一定的示范作用，因此，可以尝试“3+3+4”的模式，即说3个亮点，3个缺点或可商榷的地方，外加4个课堂细节的放大分析。什么是课堂细节的放大分析？我们在平时要习惯记录和观察课堂中看似不经意的细节，因为细节并不是鸡毛蒜皮的小事，而是那些对提高课堂教学效益有关的关键事件，从中可凸现出教师的高超智慧或者瞬间的处理技巧，还有简单行为背后隐藏的复杂理念。在评课环节，我们要坚持通过放大课堂细节来谈看法，坚持从细节中发现教师教学过程中的亮点和值得商榷、改进的地方。我们会看到同行独特、高超的细节处理艺术，同时也会发现他们在某些细节方面处理得有些粗糙、简单，替他们没有抓住使学生的智力、情感获得发展和提升的好机会而遗憾。（参见吴登文：《从“2+2”评课模式谈起》，《上海教育科研》，2010年第5期。）

农村学校的评课在“2+2”基础上应不断提升，尝试从“2+2+2”做起，逐步发展和提高。当我们的评课，说了“3+3+3”，甚至更多的时候，授课教师的优点会被充分挖掘。当听课教师提出细致的修改意见或者值得商榷的地方，可以让授课教师认识到授课中值得改进的地方，看到教学细节背后应有的追问。来听课的所有教师也会感觉从中有所收获，原来这样评课比以前那种粗放式的泛泛而谈、蜻蜓点水、粗略谈优缺点的方式好多了，这种评课方式更容易得到教师和校长的认可。

听课教师要多说上课人的优点，有助于参加教研活动教师的专业成长。首先，用欣赏的眼光去发现“他”的优点，学会从“他”的角度来理解“他”的教学设计的逻辑脉络，听课教师在欣赏过程中有可能会形成更有深度的课堂教学感悟。其次，这有助于上课人自信、坦诚、真实地展示自己的教学风格，努力追求课堂的常态、协同与效益。他人给予的真诚欣赏，很有可能会大大激发教师的教学准备热情，生成更加热情洋溢的课堂教学场面，上课教师会将欣赏“移情”于学生，从而使整个课堂充满着真诚的欣赏和鼓励。最后，如果观课者不是带着有效观察课堂的视角和好的观察工具，如果没有发现细节或没有透视细节，即使有了欣赏与赞誉的评课准备，也是很难真正地发现上课教师的独特优点的。因此，听课“评优”过程也是充满着“专业挑战”的。

（三）“N+N+N”评课模式助力同伴深度互动

“2+2”评课模式是要调动农村教师参与评课的积极性，让教师会评、敢评、愿评，但这个模式应该是开放的，各学校应根据学校的实际情况和教师的专业发展水平，将其发展为“N+N+N”的评课模式和观察方式。这是一个开放的评课系统，一开始，听课教师可以说很多优点，很多可商榷的地方，很多值得放大研究的细节，到后来，应该是优点很多，缺点很少，由关注很多细节上升到我们形成一些大观念、理念，最终内化为我们的教育智慧。通过这种模式可以建立一个开放的教学研究系统，进而更好地调动讲课教师和听课人员的积极性，建立起学校的教研文化。这种模式形成的最根本目的在于在对话和交流中激发教师的深度思考，将教学过程中的隐性智慧转化为显性智慧，促进教学思想的碰撞和优化。这样，也可以发挥“教师团队”的作用，形成学校的教研凝聚力，凸显教师在“团队”中自由的思想交流和专业化成长。

面对公开课，我们可以运用“N+N+N”的评课模式进行评课，尝试追问一节公开课的真正价值到底是什么？除了评优、展示等，它应有评论的价值内涵，这是公开课的最大价值。研究课应当具有促进听课者深入思考的特点，让授课者、学习者都有反思和评论的特点。评课当然要有清晰的教学思想做支撑，当然要有恰当的教学理念的引领和课堂观察的工具，但是如果过于就事论事、就课论课，极有可能导致教师群体在评论课例的过程中目光短浅，丧失集体智慧的平台所本应发挥的作用。在这个基础上，应当继续建立评论过程的对话和辩论，逐步在教师充分准备、念发言稿的基础上，将其上升为现场反思和针对性的评论，使评课更具有“现场感”。

农村学校大多缺少专业突出的骨干教师，针对此，就要尝试建议学校通过观课、评课、议课等教研活动，推进“校园同伴互助”的深度，通过同伴的相互交流学习，共同进步，最终形成一定的教研制度，为大家所接受。在观课议课的过程中，“2+2”到“N+N+N”的评课模式是随着评课的逐步深入发展而来，因此，参与教师要多多观课，独立思考，理性思考，团队合作，共同分享，最终实现专业成长。

（四）“N+N+N”评课模式流程

观课环节需要教师具有“证据”意识。教师为了获得课堂教学的细节和若干统计数据，就得认真观察课堂，详细记录课堂上看到的所有现象，尤其要有能力识别这些细节、数据、现象的价值。课堂观察搜集“证据”，教师可以围绕六个问题展开思考：你具备课堂观察能力吗？你带观察工具去听课了吗？你会找到别人找不到的“证据”吗？你会分析“证据”吗？对于大家似乎司空见惯的“证据”，你有其他的分析视角吗？你能解释别人不能解释的“证据”吗？教师在观课过程中有时会碰到这样的问题，个人发现的“证据”已经被其他同事发现，等轮到自己发言时这样的“证据”已经不属于自己了，因此要善于获取更多的“证据”，准备更多的细节分析和数据分析加以应对。不过，即使同样的“证据”，分析角度也不一样，所以观课教师要不断深入思考，及时补充同事的发言，完善自己发言的框架。活动主持人也应该准备更多的“证据”，以防冷场。

“N+N+N”模式的评课环节分如下五个步骤：

步骤1：即刻的“1+1”反思。即请上课教师说出一个自己感受最深的优点，一个自己认为的缺点，简称为“1+1”。当一堂课刚刚结束时，上课教师对自己的课堂会有很多的感悟，包括成功的或遗憾的，但只需说“1+1”。这样做可以节省时间，使发言更集中。通过多次组织教研活动，我们发现上课越好的人，反思越深刻，角度越新颖。

步骤2：“网状结构”的发言。我们提倡培养不同的发言人——主题发言人、追加发言人、补充发言人、扩展发言人、收敛发言人。

按照一定的发言顺序，主题发言人说完后，追加发言人结合刚才发言的某一个具体点，或追加观点表示支持，或进一步追问某个细节，或补充新的“证据”说明合理性。大家在微观的层面上，研究细节，欣赏细节，改进细节，使某一个具体问题得到比较深入的讨论。这样会逐步形成“辩课”的氛围，形成基于事实证据的学术性教研。补充发言人和追加发言人应该是善于追问、善于思考的人，但在这轮发言中不能成为主题发言人。扩展发言人的作用是，当大家的讨论遇到棘手的问题陷入僵局、引起“争执”时，以更高的观点予以破冰、拓展、启发、引领、深化。在大家热烈的讨论中，收敛发言人要有沟通技巧，提醒大家聚焦，不要偏离目前讨论的具体问题。

但这些角色是相对的、轮换的，每个人都要自觉充当这五种发言人。有了这么多的发言人，就会形成发言的“网状结构”，同时也具备了“环状结构”的有序特征——反馈别人的发言，别人也会反馈你的发言。要想达到教研活动的目的，仅有“线性发言结构”是不够的，“网状发言结构”会促进教师的“辩”，“发言共同体”亦会促进“教师专业发展共同体”的逐步形成。

步骤3：参与成员按照一定顺序（基本上是座位顺序，而不是所谓的身份顺序）轮流发言。每个人都要说话，参与讨论的每个人都要努力做到“2+2+3”，发言后期也尽力坚持“1+1+1”。有的学校会根据观察量表在“课前会议”中对“观课点”进行分工，携带量表观察课堂，课后根据观课点记录来评课，这是很好的组织形式。我们强调的是，一定要拿课堂中自己发现的、实实在在的证据来评判。

步骤4：概括与深化环节。评课的关键是梳理、汇总，对一些核心问题进行充分评议，这样这个环节的工作比较容易达成共识，对一些疑难困惑问题给出方向性思路。也可明确问题清单，后续跟进深入研究。如果有较高水平的专业人员的发言，来一次高屋建瓴的综述性点评，肯定是大家期待的，有的时候活动主持人就是这样的角色。

步骤5：授课人反驳与深度反思环节。在有些听评课活动中，授课人更像是一个旁观者，在活动中往往听不到他的发言，他只是默默地记录大家的发言。我们设立了专门的反驳环节，就是想倾听授课人对教学设计的深度解释，对某个评论的辩解、解释或说明，反驳别人的误判。课是他的课，又在评议他的课，他不发言怎么可以？授课人的反驳不仅可以在循环发言过程中进行，也可以集中在最后阶段。这主要是承认每个人的观察都有可能存在“盲区”，对某个教学片段的理解存在不当。反驳环节是一个澄清教学设计意图的重要机会，也是学校民主地开展教研，尊重教师专业成长、人格独立的具体体现。

有了反驳，就必须有回应。授课人应该尽最大努力予以正面回应，不要回避问题，不要“课后再说”，这也是评课人“现场思考能力”的体现。这个环节做得好，可以提升大家对课堂、对学生、对学科、对细节等对象的认识，可以让授课人紧张的情绪得到缓解，可以让他感觉到自己得到了大家的“专业尊重”。

四、学会说课——持之有故，言之成理

（一）认识说课

说课，是我国教学改革中出现的关于教学研究的有效形式，最初是1987年由河南省新乡市红旗区教研室推出的。当时的说课主要是指授课教师在充分备课的基础上，对同行讲述自己对某一章节或某一课时的教学方案设计及其指导思想、理论依据，然后由听者评说，说者答辩，交流切磋，共同提高的一种教研活动形式。说课活动的有效开展，可以提高教师的综合素质，增强教师的教改意识，适应现代教学的要求；还可以提高教学管理的科学性，对教师的教学水平作更切实际的评估。

说课是有理论、有实践的备课过程表述，是非课堂教学的一种教学活动形式。这种教学活动形式对落实课程标准精神，研究教材内容和教法，提高课堂教学效率有很大的促进作用，特别是对青年教师教学能力及综合素质的提高具有指导意义。

1.说课的特点

（1）说理性。备课，可以从教案看出“怎样教”；上课，可以从课堂教学看出“怎样教”。而说课不仅要说出“怎样教”，还要说清“为什么这样教”，要让听者不仅知其然，还要知其所以然。这是说课区别于备课、上课所具有的独有特征。说课要求教师从教材、教法、学法、教学程序四个方面分别阐述，而且特别强调说出每一部分内容设计的依据，即运用教育学、心理学等教育理论知识去阐明道理。

（2）科学性。课堂教学要求教师以教育教学理论为基础，用科学的方法解决教学的矛盾和问题。教师必须遵循教学原则去设计教学程序，要使教材的处理、挖掘及传达程度具有科学性、逻辑性。

（3）高层次性。由于听课的对象是懂教材、熟业务并具有一定教研水平的领导和教师，所以，我们要积极向他们学习先进的教学方法，学习有

关教育理论，不断充实说课理论依据，特别是提高处理教材、教法选择、板书设计、语言推敲能力，比以往备课更为精心，教学结构更趋合理。

（4）预见性。说课要求教师不仅讲出怎样教，还要说出学生怎样学。所以，说课者也要对所教学生的知识技能、智力水平、学习态度、思想状况、心理特点、非智力因素等方面的差异进行分析。估计学生对新知识的学习会有什么困难，说出根据不同情况拟会采取的相应措施和解决办法。说课者还要说出自己设计提问的关键问题，估计学生如何回答，教师针对学生的不同回答应该怎样处理。

2.说课的作用

作为一种传统的教研活动，说课在教师专业发展中，尤其是对促进青年教师的专业成长具有明显的作用。其作用主要有两个方面：一是提高教师的备课能力。备课能力是教师应具备的基本素质之一。因为说课是面向同行，在备课时要学习很多知识、方法、理论，要细致地钻研教材，精心准备说课，反复推敲教学设计，甚至还要多次请教他人等，在这一过程中会形成一种相互学习、共同提高的良好风气，对教师备课能力提升帮助很大。二是增强教师运用教育理论指导教学实践的自觉性。说课过程中对教学过程中的重点环节设计意图的表述，主要是理论方面的内容，但也要注重理论与实践相结合，也应从理论上考虑对学生进行某方面的教育，如激发学生在某方面的兴趣，引导学生热爱大自然等。如果教师在教学中考虑周到，带着明确的目的去教育、引导学生，就会充分地调动学生学习的积极性，使教学发挥潜移默化的作用。

（二）说课的内容

1.说教材分析

教材分析要根据不同年级教材的要求、内容，按说课的需要灵活确定。以语文课为例，其说课内容主要应包括下列几项：

（1）写作背景、作者、人物简介。

（2）所说篇目在本册、本组中所处地位和作用。

（3）概括分析教材主要内容、层次结构、教学重点、人文主题等。

（4）主要的教法和必要的教学思路。

这些项目有的不是每课必说，但是与理解课文内容有密切关系起重要作用的一定要讲，其他无关紧要的可以少讲或不讲。教材分析是根据教学需要所做的必要的教学准备。通过教材分析可看出教师把握教材、处理教材的基本能力，也可通过说课透视到课堂教学。因此，教材分析应准确、简明、目的性强，说课语言要有严密的逻辑性，层次清楚。

2. 说教学要求

教学要求主要包括下列几项：

（1）教学目标。教学目的要明确、具体，一般按知识与能力、过程与方法、情感态度和价值观三个维度确定。

（2）教学重点。教学重点要根据各学科的教材和年级确定，要求准确无误。

（3）教学难点。难点是理解重点的障碍，有时也和重点相同。处理好难点才能突出重点，课堂教学效果才会显著。

（4）教学准备。这里主要是指准备本节教学的所用教具和多媒体课件，布置学生所用的学具、物品及板书所用图形等。说课时可根据需要进行必要的介绍或演示。

（5）课时安排。主要是扼要交代与本节有联系的上下节内容，说明本节所属课时。

3. 说教学设计

（1）整体设计。整体设计是依据教材分析、教学目的设计的，要体现课堂结构改革和创新精神，根据教情和学情特色而设计，如主扶式结构。整体设计是一节课的主要框架，教师表述整体思路时要简洁，即把整体特色说清即可。

（2）过程设计。教学过程设计是指某节课的教学过程。说课种类较多，形式各不相同，如包括由他人转述所看过的课、课前课后短暂的时间提示性的介绍、指导别人或引路说课、说课比赛、集体备课时的中心发言人说课、上课前试教的说课等。说课过程中可按需要确定内容的详略程度。在说教学过程时，主要环节、重点问题、有特色的地方、板书设计都要说明设计意图。

说设计意图是说课的一个突出特点，但不必各环节都说，重点说出几处有代表性的环节即可。意图说得多而杂，反而冲淡了“课”，造成喧宾夺主。

教学过程设计是说课的主要内容，再辅以设计意图，就能将教学过程上升到理论，体现理论与实践相结合。用理论指导备课，教学过程、方法等就会有源有流、目的明确；用理论指导备课和上课，再用实践丰富完善理论，就会不断促进理论水平的提高。理论作用于备课，不仅提高了备课质量，也提高了课堂教学效率。在教学设计中，教师要充分考虑教材、学生、教师本人和课堂教学环境。教学设计要注意遵循科学规律，注意发挥教师的创造性和主导作用。

（三）说课的规范与实施

说课是备课的理性延伸，备课重在对课堂微观操作的安排，说课则是对备课的情况从实施的理论依托上作简要的剖析、说明。说课是集体备课的高级形式，其带有一定的研究性质，面对的往往是同质的教师，有交流和切磋的成分。

1. 立足素质教育，面向全体学生

树立正确的教学思想，是备好课、上好课的首要问题。学习课程标准是树立正确教学思想的重要途径，也是吸收先进教学经验的有效方法。那么在教学活动中怎样体现正确的教学思想呢？

要以课程标准为本。教师心中要装着课程标准，对学生进行热爱中国共产党、热爱祖国等思想教育，还要知道学科、年段、章节的教学目的、任务。教师必须将课标、教材、学生联系起来，在课标指导下备课。教师学习别人的东西不能机械地照搬，而是要从实际出发，以课标为依据，结合自己的认识，融于“教情”和“学情”后再操作，不要脱离实际，人云亦云。只有深刻地理解课标，正确地使用课标，才能高效率地完成教学任务。

要以学生为主体。成功的教学要在课堂中体现学生的主体地位，发挥教师的主导作用，要让学生主动学习，主动获取知识。说课和上课教师都要把握好自己的角色定位，把课堂还给学生。

2.说透课标、教材，讲明方法、过程

备课要备透，说课要说清，就要做到以下三点：

（1）备课标。用课标指导具体的备课过程，将课标、教学要求、教学过程、教学方法统一起来，使教学活动在课标指导下进行。

（2）备教材。首先，要掌握本章节在本册所处地位和作用，明确重点，有目的、有计划地按照知识体系落实教材编写意图，充分发挥教材的作用。其次，全面深入地理解教材，抓住主要内容，找出重点，分析其作用及前后联系，并落实重点。最后，认真指导学生理解重点及解疑答难，在教师把握教材的基础上指导学生掌握教材内容。

（3）备学生。备学生是重点，这样能够使学生由被动变主动，成为课堂的主人，这也是时代和未来发展的要求，所以教师在备课过程中一定要突出学生的主体地位。为此，教师要联系“教情”和“学情”，将说课和上课重点放在指导学生学习上。教师要设身处地地思考学生是怎样理解教材的，教材有哪些地方难懂，有什么疑点，前后事物间有哪些联系，主要特点是什么，对学生重点进行哪些训练，培养哪些能力，学生之间的差异怎样，该怎么处理……备学生就是将学生突出地放在主体地位上。这样由教材到学生，再由学生到教材进行备课，才能使说课达到良好的效果。

3.注重认识规律，培养学生能力

说课要体现教师的主导作用，突出学生的主体地位。说课不是面对学生，但宗旨是为课堂教学，为培养学生多种能力，实质就是看教师主导作用如何发挥。

现在的教材编写都注重培养学生自学能力和其他方面的能力，教师要指导学生主动获取知识，而不是使学生被动地接受知识。主动获取知识的过程，也是能力形成的过程，培养学生多种能力是教育的主要目的之一，从这个意义上讲，说课一定要体现重视对学生能力的培养。

（四）说课常见的组织形式

1.备课以后的说课

备课以后的说课，是目前组织教研活动和教学基本功竞赛中说课的主要形式。教师在充分备课的基础上，把自己怎样进行备课，备课时的教学设计、教学安排设想以及预计学生的达标程度和盘托出，供专家们评说。

2.上课以后的说课

如果说课是在上课之后进行的，由于已经有了课堂实践的检验，可以在前述说课的基础上，结合自己上课的感受进行说课。这时，说课的内容包括自己怎样进行备课和教学中针对实际问题是怎样处理的，侧重面有所变化。结合上述要点，重点说明上课过程哪些方面体现了备课意图，包括对学生达标情况的分析，说明自己作了哪些改变和调整，作调整的意图和效果，包括对自己上课的效果和感受进行评价，提出进一步改进的设想等。

3.评课以后的说课

有些说课是在评课之后进行的，即经过了前述说课和评课之后，说课者可以进一步说课。内容包括自己备课的特点和疏漏，对课堂效果的感受，自己上课的进程与备课的意图吻合程度及其原因，自己作出调整的原因和作用，分析学生达标度与实际达标度的区别和可能的原因。同时，还可以结合专家们的评课和自己的感受进行必要的说明。说课的组织者则可以针对说课组织开展进一步的讨论，在此基础上综合评价施教者和专家的讨论，提出值得进一步研究的问题，提高说课的理论层次。

资料链接

说课的注意事项

一、练就硬功在手

说课要用语言表述，这就需加强“说”的基本功训练，要有说的功夫。

（1）要注重语气、音量、表情、速度。

（2）要进入角色，用说或讲的语气。设计意图是说明性表述，生动的情节要用讲课时声情并茂的表现形式，二者要有区别。

（3）要注意教风，板书、演示等活动要自然和谐，落落大方。

（4）要注意自我心理调节。

（5）要注意衣着和仪表。

说课要根据不同要求练基本功，做到准备充分，说得流利、正确、清楚、生动，使听者愿意接受。练基本功的方法很多，如请别人指导，学习别人长处，或自己有针对性地练习。说课和上课都必须练“指导”功，要学会指导学生学习，完成从教到指导的深层转变，提高自身及学生的素质。

总之，说课是深入开展教学研究，提高教学质量的好方法。凡是任课教师，都要通过说课练习教学基本功。说课对教师的备课、上课能力是极大的促进，对青年教师也是极好的锻炼机会。坚持经常说课，会使教师的教学能力显著提高，更好地服务于素质教育。

二、注意说课中的语言运用

1. 独白语言

说课时大部分用的是独白语言，切忌从始至终一个腔调地念或背说课稿，要用足够的音量，使在场的每个人都听得清清楚楚。速度要适当，语调的轻重缓急要恰如其分，让听者从你声音的抑扬顿挫中体会出说课内容的变化来。具体地说，教材分析要简明，理论根据要充分，教学方法和学习方法要用慢速说清楚，教学目的要分条款一一叙述，重难点则用重音来强调。

2. 教学语言

因为说课不仅要说“教什么”，还要说“怎样教”。说“怎样教”实际上就是要说出你准备怎样上课，但又不是单纯地将课堂上的一问一答都详细地表露出来，要让听者知道你的教学设想和具体步骤。有问有讲，有读有说，通过语言变化将听者带入你的课堂教学中去，未进课堂却仿佛看到了你上课的影子，预测到了你的课堂教学效果。

教学语言在何时用呢?

(1) 设计的课堂导语应用课堂教学语言。用新颖有趣或简明扼要的导语来吸引听课者。说导语时说课者要把听课的老师看成是自己班上的学生，声音该高则高，语速该慢则慢。

(2) 课堂的总结语应用教学语言。在说课时设计的结束语应具有双重性，不但要打动听者，而且还能让听者从你的语言中推测你在课堂上也会深深地吸引学生，这就要求结束语既要精彩，又能将精彩恰当地表达出来。

(3) 说课中阐释和提问语应用教学语言。阐释语也叫讲授语，它主要是对所讲知识的解释、分析和阐发，这种语言以简明、准确、条理清晰为特点。

好的提问语可以启发学生思考，使学生的学习变得积极生动，并容易把问题引向纵深，并让听者判断设问质量的高低。

三、注意理论依据

说课中应该说出哪些理论依据?

1. 课标是教学的主要依据。

2. 学生的实际应成为教师教学的主要考虑对象。

3. 教材和学科特点也是重要的理论根据之一。

4. 教育理论和名家名言也可作为强有力的理论根据。

不管运用哪一种理论，都要说得具体、令人信服，切忌出现以下问题:

第一，理论堆砌不适用。

例如，教学目的制定的根据是“从信息论、控制论的观点出发……”,

又根据“教育学、心理学的原理……”等。

第二，理论空洞不管用。

例如，每一课都用“根据课标要求、我班学生的实际、自己的教学实践，特制定……”这种理由只是空架子，没有实际内容，究竟根据课标的哪一条要求，你班学生的实际是什么，你的教学实践又如何呢？别人不得而知，与其这样说为什么，还不如不说的好。

案例

《钓鱼的启示》说课稿

各位老师，你们辛苦了！我的说课课题是《钓鱼的启示》。

下面，我将对本文的教学设想作具体的阐述。

一、提纲挈领，说教材

《钓鱼的启示》是人教版五年级上册第四组的一篇课文，本组课文是“生活中的启示专题”。作者以第一人称的口吻记叙了34年前的一个夜晚，爸爸让作者遵守时间规定，把钓到的大鲈鱼放回湖里，由此告诉我们“一个人要是从小受到这样严格的教育的话，就会获得道德实践的勇气和力量”。

二、有的放矢，说学情

五年级的学生已经能联系上下文和积累的知识，推测有关词句的意思，体会其表达效果，并能在阅读中揣摩文章的表达顺序，体会作者的思想感情，初步领悟文章的基本表达方法。但是，学生的领悟与文本中作者表达的主题还有一定的距离，在教师的激发、引导下，学生愿意走进文本，主动体验道德实践之难，既能在具体的语言环境中提升语文素养，又能在美好的情感体验中获得的人文熏陶。

三、促进发展，说目标

上海师范大学的吴忠豪教授指出，语文，应该以本体性教学内容为目标展开教学，而情感、态度、价值观等非本体性教学内容应该渗透在语文教学实践中。

因此，根据新课程标准的要求、本课的教学内容和特点，结合学生的实际情况，我确定了本课的教学目标：

1. 认识11个生字，会写14个生字，正确读写“诱惑、告诫、沮丧、小心翼翼”等词语。

2. 有感情地朗读课文，积累“我”获得启示的语句。

3. 联系生活实际，懂得“我”从钓鱼中获得的启示。

为了落实以上教学目标，我把教学重点确定为“精读重点语段，体会文章表达的思想感情”，把教学难点确定为“联系生活实际，明白文中含义深刻的语句”。

四、以学定教，说教法、学法

新课程标准明确提出，阅读是学生的个性化行为，不应以教师的分析来代替学生的阅读实践。

因此，在教学中，我主要采取贴近学生实际和年龄特点的“朗读感悟教学法”，结合课文自然、流畅的语言特色，以读促情，以情促悟，充分感受文本的语境。

此外，教学中还穿插了情境设置，通过圈点批注、品词析句、合作交流等引导学生自主体验，读中感悟。

五、人文统一，说过程

（一）创设情境，激趣导入

上课伊始，我先带领学生回忆范仲淹的诗歌《江上渔者》，唤起学生的情感共鸣。这样的开课形成了“未成曲调先有情”的良好课堂基调。这时，再进一步调动学生情绪，引导学生充分交流自己钓鱼的体会和感受。学生表达、交流的欲望被调动起来，情绪得到激发，教学也因为学生的入情而进入积极的状态。

（二）初读课文，整体感知

在初读课文时，我让学生读准字音，读通句子，并用自己熟悉的方式学习生字新词。在汇报交流时，联系上下文和生活实际理解“涟漪、翕动、不容争辩”等词语的意思；重点指导学生读准多音字“挣扎”“尽管”；区分形近字“钓”和“钩”，告诉学生，“钓”字的最后一笔是点，表示鱼饵。这就将字理意思渗透在生活中，把字词教学形象化、艺术化。

通过整体感知，让学生了解课文写了一件什么事，并告诉学生：这节课，就让我们一起走近这个别有深意的故事。

（三）研读赏析，精品悟情

语文教育专家张田若先生曾经说过，阅读教学，第一是读，第二也是读，第三还是读。读懂的过程，就是语文能力形成的过程，就是语感形成的过程。因此，这一环节我主要采用“以读促悟，以读代讲”的教学方法，引导学生有滋有味地朗读，并在角色体验中披文入境。

在切入时，我首先引导学生找到“钓鱼的启示”“道德只是个简单的是与非的问题，但是实践起来却很难。一个人要是从小受到这样的严格的教育的话，就会获得道德实践的勇气和力量”。由此引发质疑：道德实践、是、非、难（随机板书），这和钓鱼有什么关系呢？请同学们浏览第三至第九自然段，找一找“我”心情变化的句子，梳理出“我”由“得意”到“急切”，再到“委屈”“难受”，最后到“依依不舍”的心理变化过程，体会道德实践之难。

紧紧抓住两点进行研读：第一点是“我”得意的时候，也就是第三自然段中描写鱼的句子，渗透直接描写和侧面描写相结合的写法指导，挖掘语言训练点，增强语文味。

第二点是抓住“不容争辩”，分两个层次逐步丰富这个词语。一是抓住“盯”这个词，引导学生体验父亲最初看见大鲈鱼时的心理活动，进行写话训练，让学生明白父亲做出决定前的心里挣扎，读写结合，将语文的人文性凝聚到工具性之中去；二是让学生反复朗读，体会“我”的急切、委屈和不舍，深层次地感受道德实践之难。

（四）回归整体，升华情感

教学至此，学生对文本已有了充分的认识和感受，我再引导学生交流、讨论：在生活中，那条“诱惑人的鱼”还指哪些东西呢？如果是你，你又将如何抉择呢？引发学生联系生活实际，与文本之间产生深度、积极的对话，并适时小结：是啊，只要我们明辨“是非”、克服心“难”、勇于“实践”，就会获得坚定的“道德”信念。（逐步擦去板书，最终保留“道德”二字）这样既巧妙地落实了本课的情感、态度、价值观目标，又给课文留下了一个满怀期待的结尾，把课堂气氛推向高潮。

（五）安排作业，复习强化

课堂教学的结束，并不意味着学习活动的完结，而应该以此为一个新的起点，进一步激发学生的学习热情。

本课计划分层次安排两项作业：

1. 读写积累：抄写本课生字新词，积累“我”获得启示的语段。

2. 课外阅读链接：华盛顿砍樱桃树的故事。

这样的作业设计，不仅尊重了学生的个体差异性，而且体现了“取法于课内，得益于课外”的大语文观。

六、简洁明了，说板书

（展示板书）这是我对本课的板书设计：板书力求简明扼要，抓住关键线索，直奔中心，达到高效能、简约化的功效，从而有利于学生理解文本的主旨。

以上，就是我说课的全部内容，感谢各位老师耐心地倾听。

（资料来源：濉溪县岳集中心学校 黄山）

第四章　教研团队成员的专业发展

农村教研团队的教研活动可以采用多种多样的形式开展，以解决许多教学实践中的问题，但归根结底都离不开团队成员的个人专业发展。个人专业发展主要受教师的自我反思、同伴的帮助、专业研究人员的引领这三个方面的影响。我们本章重点探讨的是教师基于反思的专业成长。团队成员要回顾自身成长经历，评估自我发展的优势和短板，制订清晰的专业发展规划。通过辨析他人的教学实践，反思自身教学实践，形成自己的教学认知；通过不断地开展主题式、课题式探究活动，提升自己对教育的理解。教师将反思所得应用于教学实践，逐渐形成独具风格的教学，才能打造属于自己的“代表课”。教师只有通过不断学习，实现自我成长，才能扮演好业务引领者的角色。

一、教师专业发展规划的制订与实施

教师专业发展规划是教师从自身优势和特点出发，根据教育发展需求和所在学校的愿景而作出的能够促进教师有计划的、可持续的自我设计和安排。教师职业发展规划是教师自我发展、自我实现的“路线图”，教师可以凭其预期自身发展的前景和成果。教师形成并执行自己专业发展规划的过程，就是教师不断自我认识、自我反思、自我调整的过程。因此，教师专业发展规划的制订和实施事关教师的职业发展和职业幸福。

（一）教师专业发展规划的制订

1.认真分析自身发展状况

了解自己可以说是教师专业发展规划的首要前提。教师要通过自我反思，充分认识自身的发展状况。要了解自己的起点和现状、优势与特点、缺点与不足，只有这样，在规划设计中才能够扬长避短或扬长补短。

第一，分析自身状况。分析自己的知识、能力、个性特点等，对自己属于何种类型的老师，自己的专业素养和能力水平属于什么层次都要有准确的认识。

第二，分析成长环境。了解成长环境的特点，包括社会环境、学校环境、家庭环境，分析这些环境对自己成长有哪些有利的方面和不利的方面，以便确定自己的职业目标和成长方法。

第三，分析教学特点。总结自己的教学经验，知道自己的优点和可取之处，明确自身存在的问题，对自身教学的类型和风格有较准确的把握。

2.与学校规划保持一致

教师专业发展规划要尽可能与学校的整体规划相一致。教师要关心自己所在学校的发展和学校对自身发展的期待，保证个人的成长和学校的发展相结合，保证规划得到有力执行。如果出现步调不一致的情况，教师要及时对自身规划进行调整，与学校整体规划总体保持一致。

3.制订规划永远都不晚

无论年轻教师还是老教师，制订专业发展规划永远都不晚。专业发展规划事关教师职业发展和成就，并将直接影响教师的工作和生活状态。

4.制定合适的目标

首先，要给自己的发展定位，要给自己一个比较符合实际又有挑战性的定位，确定自己未来发展的类型和层次。其次，要有合适、准确的目标设计。一是设计自己不同成长阶段的目标，主要包括：了解自己现在所处的成长阶段，设计每个阶段的发展任务和大体时间，提出促进自身成长所需要的条件和措施。二是设计教育工作中不同工作类型的目标，如教材研读、教学方法改革、学生管理、教育科研等。

5.明晰的表达形式

专业发展规划要以一定的形式表达出来，教师可以采用文章、表格或图形等形式。

（二）教师专业发展规划的实施

1.学习

面对知识的不断更新，承担着教书育人任务的教师需要不断地学习，不断更新自我的知识，使自己的课堂常教常新。教师还应提高理论修养，拓宽教育视野，夯实精神底蕴，为自己的发展储备能量。

2.反思和研究

反思是教师成长的必经途径。教师应及时地反思自己成功的经验和失败的教训，并将其上升到理性的认识，在实践的过程中获得更深入的反思。如此螺旋式上升，教师一定能获得专业的发展。

3.创新

个性是教师教学经验、教学特色的折射。创新是教师构筑独特自我个性的必经之路。教法是可以借鉴的，但每一种教学方法、教学模式都会因地域、学情不同而具有特殊性。因此，盲目摹仿不可行。教师在吸收各方长处的同时，应结合自身特点，创造既符合教学规律又具有独特个性的教学方法，进而形成自己的教学理念和教学特色。

4.坚持

每个人制订的专业发展规划不尽相同，这也反映了他们不同的思维和理念。实施规划需要坚持信念，教师要不断反思和总结自己的教学，在比较中发现更好的教学方式方法。教师的成长和发展需要坚持，教师应以积极的态度实施规划，做自己生命的主角。

案例

个人专业发展规划撰写要求

一、现状分析

（一）自身职业现状的回顾

1. 教学方面。

2. 班主任工作方面。

3. 科研方面。

4. 其他任职情况。

（二）自身素养的分析

1. 知识状况。比如，知识面宽不宽？哪些方面的知识多？哪些方面的知识少？教育教学活动中常因缺乏哪些知识而感到困难？读过多少书？对最新的知识动态是否了解？

2. 能力状况。哪些能力强？哪些能力弱？教育教学活动中常因缺乏哪些能力而感到困难？

3. 个性特点。内向还是外向？独立还是从众？理智型还是情感型？和学生容易相处吗？是否因为性格方面的原因影响和学生的关系？概括一下自身的优势、劣势。

（三）成长环境的分析

分析成长环境，是为了了解环境对自己成长有哪些有利因素或不利因素，以便确定自己的职业目标和成长途径。

1. 社会环境。我们所处的时代对自身职业和工作提出了哪些要求？提供了哪些条件？提出了哪些挑战？带来了哪些机遇？这样的环境对自己的工作和发展有什么样的影响？

2. 学校环境及发展机会。你所在的学校是一所什么类型、水平的学校？这些对你的专业成长有哪些有利条件和不利条件？你是否充分地利用了有利条件？你能否克服不利条件？你该如何利用这些有利因素促进自己的职业发展？

3. 家庭环境。家庭对自己的工作是否支持?家庭的经济条件和文化氛围对自己的工作与发展有什么样的影响？你能否克服不利影响?

（四）成长历程的分析

教师对自己成长历程的分析有助于增强自己的职业生涯意识、成长意识、发展意识，有助于了解自己取得的成绩和存在的不足，了解自己所处的成长阶段。

分析的内容可以包括：我在学校教师中的位置如何？我的成长历程已经经过了几个阶段？我在这几个阶段分别解决了什么问题？我有哪些成长的经验和问题？有哪些关键性因素影响了自己的成长?

二、他人对自己的评价

从他人那里获取对自身发展状况的评价，往往具有一定的客观性。自我认知和他人评价一般要综合考虑，以便做好职业生涯规划，主要有四个方面。

1. 教学同行（教研员和区域内其他同行、学校同行）评价，可通过对话形式获取。

2. 年级同行评价，可通过对话形式获取。

3. 学校和主管领导评价，可通过对话、日常会议、年度总结评语等形式获取。

4. 学生评价，可通过问卷调查表、学生座谈会等形式获取。

三、专业发展目标与行动策略

1. 长期目标，可从教育、教学、教育科研等方面结合自身实际制定。

（1）教育方面。在班级管理、学生辅导、师生关系、提高学生学习效果等方面形成专长。

（2）教学方面。对某一课程的发展、教材的编写有独到的见解，或是对所教学科某一章节知识点的教学方法的改良有自己的心得，并加以钻研。

（3）科研方面。成为某一科研领域或项目的专家，例如视听媒体、学科教学、书法等。

(4) 其他方面。在人际交往、岗位任职方面争取获得发展的机会。

2. 近三年的目标，可从教育、教学、教科研等方面结合自身实际制定。

(1) 教育方面（可以有一些量化的目标）。

(2) 教学方面（可以有一些量化的目标）。

(3) 科研方面（可以有一些量化的目标）。

(4) 其他方面（在人际交往、岗位任职方面的发展目标）。

3. 具体措施（打算通过什么途径达成目标，应具有可操作性）。（参见孙瑞欣《校本教研的7个关键点》，西南师范大学出版社2013年版。）

二、积极参与课题研究

20世纪60年代，有人提出了“教师即研究者”的看法。即教师由单一的教学实践者变成教学的研究者，这已经成为许多教师追求的目标。农村教研团队成员要实现自身定位的转变，首先必须做一个研究者，逐步理解、领会和掌握教育科研基础知识和基本方法，培养自己论证选题、设计方案、分析资料和撰写研究报告的能力，不断提升自身的科研素养，为带动和指导广大农村教师开展教研活动打下基础。

课题研究要具备三个基本要素，即目的、过程、方法。所谓目的，是指在研究开始时要明确研究的问题，确定研究的具体目标，同时要对问题的结果作出某种推测（提出假设），进而制订一套具体的研究计划。过程是指实施课题研究计划需要一个过程，通常要按照研究的计划，遵循一定的研究程序，分阶段、有步骤地进行。方法是指为了使研究有效，在研究中要依据研究问题的性质和特点选择正确的研究方法，如实验法、调查法、行动研究法等。这里笔者主要阐述课题研究中容易出现的主要问题和相应的解决办法。

（一）课题研究的程序

目前，在中小学教师参与课题研究的过程中存在一些误区。比如，有的教师盲目追求课题的级别或教育模式的构建，而对通过研究要解决什么问题并不清楚，使研究与自己的日常教学相脱离，造成假、大、空的研究；有的教师在确定了研究课题之后，“重结果，轻过程”，认为写一篇总结、凑一篇论文就算研究，使研究成为一种“形式主义”；还有的教师在确定研究课题之后，对如何开展研究缺少科学的设计，把研究等同于日常的工作，使研究缺乏科学性和可信度。可见，中小学教师要做真正的研究，必须在研究的目的、过程、方法上下功夫，不断提高自己的科研素养。

研究是一种有目的、有计划、系统的探索过程，整个研究过程要按一定的程序进行：确定问题→查阅文献→设计方案→实施方案→整理分析资料→得出结论。

从上面的研究程序中可以看出，研究的第一环节就是发现和确定研究的问题。对教师来讲，选择和确定的研究问题应该是能引起自己关注而且是自己真正渴望能够找到解决办法的问题，比如要改善什么或者提高什么。研究的第二个环节是查阅文献。通过查阅已有的文献来了解他人对该问题的研究，从而更深入地分析问题，寻找解决办法。研究的第三个环节是根据研究问题的性质和研究者所具备的条件，确定恰当的研究方法，设计研究方案，制订出切实可行的研究计划。研究的第四个环节是实施方案，积累事实性资料，即按照研究方案规定的内容和步骤具体操作和实施。在实施过程中，按照设计的方法，尽可能详细地搜集有关的事实性材料。研究的第五个环节是整理分析资料。对资料的分析有时需要定性分析，有时需要定量分析，有时需要将二者相结合，教师应视具体情况而定。研究的第六个环节是得出结论，即在分析资料后作出总结或得出具有普遍意义的结论，撰写科研报告或学术论文。

研究过程是系统的、有秩序的，也是灵活的，不同类型的研究可根据具体研究的需要开展，各环节可以重叠、重复或交叉。同时，就每个环节来讲，要完成课题研究往往涉及许多活动，有些活动较简单，有些就比较复杂，但这些环节或活动从整体上讲是连续的、缺一不可的。

（二）发现和选择适合自己的研究课题

在课题研究中，一线教师首先要选择有价值的、适合自己的课题。选择课题是进行研究的关键一步。因为课题引导着研究的方向，制约着整个研究过程，反映研究的价值。所以，正确认识课题，掌握选择课题的方法，是从事教育研究的基本功之一。但在具体实践中，有些教师缺乏问题意识，希望别人提供研究课题，有些教师不知道怎样将工作中的问题转化为可以研究的课题。那到底应该怎样选择课题呢?

1.将教育教学问题转化为课题需要具备的条件

首先，课题要有价值。能够成为课题的问题首先应具有研究价值，即所选择的问题应具有一定的学术价值或应用价值。对于中小学教师来说，选定的课题要具有应用价值，可以从当前教育改革和发展的实际出发，选择具有针对性、代表性、被普遍关注、急需解决的问题，这些问题是有意义、有价值的。作为教师应该研究近在眼前的教学问题，即从教师自己认为重要的、工作中的教学问题开始研究。

其次，课题要具有科学性。其一，课题要在充分的资料分析的基础上形成。教师在选择课题时应了解关于这个课题的研究现状，了解该课题在理论和实践上已经解决了哪些问题，理论上还需要论证什么问题，在实践中还存在什么问题，是否能提出新观点、新方法，避免简单重复别人的研究成果。其二，课题的形成要有事实依据，一定要以教育改革实践和教育教学的经验为基础。其三，课题要以教育科学基本原理为研究依据，这是理论基础。

最后，课题要具有创新性。通过查阅文献资料，了解他人对该问题的研究状况，在此基础上，选择前人没有解决或没有完全解决的问题，通过研究发展新的观点。

2.选择研究课题应注意的问题

首先，课题的研究范围要合理。教师要避免研究宏观层面的问题。问题研究范围过大时，针对性就差，实施起来难免无从下手。当然，课题也不能过小，范围不能太窄，否则研究的意义不大。其次，课题的难易要适度。有些课题虽然很有价值，但是做起来很难，或者耗时太长，还有些问题属于日常的琐碎问题、个别问题，这些都不宜作为研究课题。最后，课题的研究目标要明确。选择的问题一定要具体、清楚，不能太笼统、不着边际或模糊不清，避免盲目跟风，脱离教学实际。

3.教师研究的问题从哪里来

作为基层的中小学教师，长年工作在教育第一线，遇到的教育问题最多，这些问题正是课题的宝贵来源。对这些问题进行追问、追踪，持续地关注，不断地澄清这些问题，然后探索出解决这些问题的方法，这样，教师日常生活中遇到的问题或者想法就可能转化成为有价值的研究课题了。苏霍姆林斯基一生中大量的研究成果正是通过对日常问题的思考、探究而总结出来的。

教师还可以从教育实践的成功经验中找出需要深入研究的课题。总结经验、筛选经验，是教师常用的研究方法，也是研究课题的重要来源。每一位教师的教学过程中都有成功或失败的经验，这种经验就是宝贵的财富，也是研究课题的来源。

教师也可以从发现教育教学实践中的问题入手，结合理论学习，提炼研究课题，并在实践中寻求解决问题的方法。教师还可以从教育改革、学科教学改革、现代教育理论入手，在新与旧、理论与实践的矛盾中发现问题。

总之，教师可以把教育教学中的疑难、困惑作为研究的对象，也可以把学生、教材、课堂作为研究的对象，从中选择适合自己的研究课题。只要教师以积极的探究态度来观察自己身边的教育现象，用研究的眼光来审视身边的教育教学问题，就能找到研究的课题，投身教育科研的工作中。

（三）查阅相关资料

在完成选题之后，教师就需要查阅文献资料，一方面是为了了解他人对有关问题的研究成果，熟悉研究的动态，从而避免重复劳动；另一方面，可以借鉴他人的研究，有助于建构研究的框架，提供有益的研究思路和方法。那么，如何查阅文献呢？

首先，明确查找来源。一般来讲，我们可以从相关的书籍、期刊以及互联网上搜集到大量的教育信息。

其次，掌握查阅文献的方法。查阅文献时应做到四要：一要“新”，查阅有关课题的最新研究成果；二要“准”，尽量选择第一手资料；三要“全”，即尽量全面，从国内外以及不同的研究视角去查阅资料；四要有针对性，即查阅和课题研究对象相关的文献资料。

最后，加工处理文献资料。教育研究者既要搜集材料，又要对材料进行消化加工，从对材料的理解、分析、综合、扩展、评价，最后实现创造。教师可以将现有文献资料按类别加以横向比较，也可以按时间先后进行纵向比较，并同自己的实践体会相比较。

（四）撰写课题研究方案

课题研究方案是对研究工作所做的整体安排，良好的研究方案是确保教育科研工作顺利进行并取得成功的重要保证。通常情况下，研究方案必须满足以下要求。

第一，可行性。课题研究方案要合乎实际情况。第二，可操作性。所谓可操作性是指研究者不仅要有大胆的理论构想，而且要明确验证这些理论构想的办法和步骤，使课题组成员或参加实验研究的教师可以按照方案中的要求去实际操作。第三，系统性。所谓系统性主要包括两个方面的含义：一是指课题研究方案中的各项措施与安排应前后呼应，相互支持，共同构成一个有机的系统，以确保研究目标的实现；二是指方案内容要完整，研究方案中从人到仪器设备的选择、从时间安排到对象的确定、从材料的搜集到研究步骤及分析方法的选择等，必须都要计划好。

课题研究方案包括以下几方面：

1.课题的名称

在课题名称中尽可能表明研究三要素：研究对象、研究问题和研究方法。

2. 研究背景与目的、意义

首先，要阐述课题研究的背景，即根据什么、受什么启发而开展这项研究，这部分主要包括三方面的内容：第一，本课题与时代发展、社会变革的联系。这是课题提出的大的背景。第二，前人对本课题研究的思想、范围、方法和成果。要把已有的研究成果作为自己课题研究的起点，从而避免自己的研究是重复别人的劳动。第三，结合当前自己所在学校的教育教学实际，明确存在哪些确实需要解决的问题，这也体现了课题的需要性原则。

其次，要阐述此项研究的目的和意义，说明本课题研究的立论依据、主攻方向、课题研究的理论和实践价值以及本课题研究的特色或突破点。

3. 课题研究的内容

设计课题研究的内容是整个课题设计的核心。

（1）研究范围的限定

制定研究方案时，为了使研究内容更加明确，往往要对课题的研究范围作一些解释和说明。

第一，对研究对象的界定。包括对研究对象的总体范围进行界定，如果研究对象的总体范围不同，那么同一个研究课题所得的结论就很可能不同。对一些研究对象的概念进行界定，尽可能使用有参考依据、比较权威、被大多数人所认可的理论。

第二，对关键概念的界定。弄清课题名称的文字表述中哪些是关键词，哪些是研究的范围，哪些是研究的内容，使课题研究在确定的范围内开展，使研究成为一个有确切指向性的问题，这样也便于别人按照研究者规定的范围来理解研究结果和展开评价。

（2）研究内容的分类

研究内容必须具有可操作性，要使课题研究具备可操作性，还要确定其操作指标。在中小学的课题研究中，常用的是分类法。所谓分类法，就是把课题研究内容分为理论研究和实践探索两个部分。对一线教师而言，他们的研究更侧重于实践探索部分，即找到解决问题的载体、突破口、切入口等。

4. 研究方法

在制定课题研究方案时，研究者应该根据课题研究的具体目标、研究内容和研究对象的性质来考虑选择哪些具体的研究方法，以及在研究中如何科学安排，通过对它们的合理运用来达到研究的目的。例如，调查法、经验总结法、实验法等。课题研究选择的研究方法不能是单一的，而应该是综合的。

5. 研究步骤

在课题研究方案中，还要明确课题研究的进度、步骤和起止时间。要科学地安排研究时间，但在各阶段时间安排上也要留有余地，以免不能按时完成任务而影响整个课题研究的进程。一般课题研究的步骤都分为准备阶段、实施阶段和总结阶段。

在实施阶段，要明确如何将自己设计的研究内容和方法落实于具体教育实践，从哪个角度切入研究，进行操作。同时要明确如何记录整个研究过程，包括记录的内容和方法。中小学教师可以从多种渠道获得数据，主要有写观察、访谈笔记和教育日志等。过程性资料可以通过教育日志反映，包括日常研究活动记事以及活动背后自己的所思所想；研究结果方面的资料主要是指学生的发展变化、教师的发展变化以及教育情境的变化。

6. 预期阶段性成果、最终成果及成果形式

教师根据所研究课题的层次和类型，要确定研究成果的表现形式。理论研究成果一般表现为论文、专著、研究报告，实践研究成果的表现形式为调查报告、计算机软件和观摩课录像等。

7. 完成课题的保证

写清楚进行课题研究的条件，根据课题组成员的水平和特长进行分工，把每项工作落实到人，从而确保研究任务如期完成。

（五）教研采用的研究方法

中小学开展教学研究的方法很多，包括教育调查研究法、教育实验研究法、个案研究法、教育观察法、教育经验总结法、教育行动研究法。这里笔者着重谈教育行动研究法。

教育行动研究，简言之，就是有目的、有计划地对教育行动中的具体问题进行系统探究，以提高教育行动有效性的研究方法或研究类型。行动研究作为教育科研的重要方法，其研究方法有特殊性。就教育行动研究的目的而言，其研究对象是教师的日常教育教学行为，目的是解决教师教育行动中遇到的具体问题。就教育行动研究的过程和环境而言，行动研究的环境是教育教学现场，在研究中行动和在行动中研究，使教学伴随研究，研究提升教学，研究和行动相互验证，相辅相成。教育行动研究的主体是行动者，即一线的学校管理者和教师。

行动研究的选题都来源于具体问题，有具体的时间、地点、当事人、特定的情境、特定的背景、特定的事物及其发生发展的历程等，行动研究就是针对这些具体情境中的具体问题而展开的。比如，“解决××问题的尝试”“关于××问题的个案研究”“××问题的对策与研究”。只要问题抓得准，就值得研究。

教育行动研究的主要环节可以概括为计划、行动、观察、反思这四个环节。

一是计划。行动研究计划中设计的行动必须是行动研究的参与者能够做得到的；拟订的计划应与学校的工作安排相协调，且具有充分的灵活性、开放性。制订计划时既要考虑和包容已知的制约因素，又要预见可能发生的情况以及应对策略。

二是行动。行动是对计划的落实和检验。这时的行动已经是研究进程的一部分，但又是教师教育教学行动的一部分，是改进中的教育教学行动。在行动过程中，教师既是行动者又是研究者。作为行动者，教师要将自己拟订的行动计划付诸实施；作为研究者，教师要时刻监控行动的进展，观察新的行动产生的效果和影响，同时还要不断搜集反映研究过程和效果的数据资料，反思、发现研究过程中的新问题。

三是观察。教师要对行动的过程、效果、特征等进行全面观察，并及时提供反馈信息，以对研究过程进行监督控制。行动研究过程中搜集的资料主要是能反映研究过程和效果的材料、数据，常见的有：教师的研究日志、教学日志；学生的作业、作品、测验或考试成绩；教师对学生的评价记录；研究过程中教师与同事、领导、专家交流的记录；相关的问卷、访谈材料；录音、录像、磁带等。

四是反思。反思是推动行动研究不断深化的重要方法，反思不只是在行动研究的后期进行，它伴随着行动研究的全过程。

（六）教研成果的表达形态

教师在教育教学实践中，在经历提出课题、构思研究方案、运用一定的方法搜集整理资料等有目的、有计划的探索过程之后，要把研究的过程和结果用书面的形式呈现出来，获得研究的成果，与同行交流与分享研究的经历，从而丰富教育理论，推动教育改革。

中小学教师的研究成果是对教育经验的积累、筛选和提炼，是教师在探索性的教育实践中创造性解决实际问题并将其转化为理论的产物。从形式上看，其是富含教师内心体验的、情景性的、过程性的描述。它的文本形态包括各种研究报告、论文、教育案例、教育叙事、反思笔记等。

课题研究是一个系统性、科学性的工作。我们要在研究的过程中去发现问题、解决问题，在问题的解决过程中总结经验、形成成果。在研究中，要选择适用于自己的课题研究方法，并熟练掌握研究的过程，最终实现教师“研究者”的角色定位。

三、打造标志专业发展的代表课

作家一般都有他的代表作品，演员也有他的代表角色。他们创作和表演的作品，凸显了他们的艺术风格，同时标志着他们所取得的艺术成就。其实，课堂教学也是一门艺术，课堂教学既是教师研究的内容，也是体现教师教育理念和教研成果的主要形式，每位教师应努力打造出有自己个性色彩的代表课。

（一）代表课的意义

所谓“代表课”，就是指解读教材准确，教学目标明确，教学方法得当，教学效果显著，并具有一定个人风格的课。很多成功的公开教学课便属于此。教好书是教师的天职，如果课课都能教得出色，达到自己满意、学生满意的效果，这当然是值得赞许的。可是，就目前情况看，可以做到这点的教师仍属少数。究其原因，首先是教材内容较多。其次是课型多，每一个课型对各年段的要求各不相同，对教师而言，要想把方方面面都做到尽善尽美很不容易。

作为农村教研团队的成员，他们的教育教学和科研能力在学校是出类拔萃的，每学期要执教体现新理念的示范课，就更需要有自己的代表课。代表课要代表教学前进的方向，研讨价值要高，由一个课例引出其他教师对这一类课例教学的思考。同时，呈现的课例要具有自己的风格，代表个人的研究水平。

（二）代表课的特征

1. 个别性

代表课应是教师教学特色的生动体现，因此具有个别性。根据学科课程标准的规定，教师教学的内容大致相同。每一位教师在教学内容的裁剪、教学方法的选择、教学重难点的突破上都有与众不同之处，有个别化设计和个性化的表达。由于年龄不同、性格不同、特长不同、阅历不同、兴趣不同，因此，每一位教师应该根据自己的个性特征，设计并实施具有自己特征的、能够体现自己最高水平的代表课。

2.规范性

代表课要具有规范性，因其需要为其他教师提供一定的教学参考，代表课的课例就需要经得起推敲，细节要经得住考验，具备学科学习的共性。首先，要符合教育理论。其次，目标设定要简明扼要，内容选择要突出要点，环节安排要流畅清晰，手段使用要恰到好处，方法运用要灵活多样。再次，教师主导要有方、有力，能有效组织学生开展合作与探究，充分调动学生学习的主动性和积极性，让学生学会交流，学会在合作中解决问题。最后，课堂气氛要和睦和谐，课堂教学要有序有效。这些要求都要基于教师恰当地设计与精当地实施。

3.研究性

代表课的代表性之一就是具有研究性的特点。代表课要有理论的指导和经验的借鉴；代表课需要教师对教情学情充分了解；教师要对教学设计深入研究，立足课标、深钻教材，课例设计在规范的基础上要有创意。

（三）代表课的产生

代表课需要精益求精。其目的就是要求教师上出体现教师素养、具有自我风格、规范而高效的课，以推动课堂深度改革。代表课在通过教师不断改进、反思、完善后，最终成为高质量的课例。

1.个性化的教学设计

首先，认真选择教学内容进行备课。教师要慎重选择教学内容，根据教学理念、教学策略、教学细节三个层次的不同要求，认真备课，进行课堂教学的创意设计。其次，写出设计说明，包括教学主张、教学流程、板书设计、设计亮点等。

教学设计要有明确而集中的主题。首先，代表课要有一个主题，比如一个知识点、一项能力训练点、一个创新点、一个生长点等，聚焦重点，主题鲜明突出，一课一得，不蔓不枝。其次，代表课需要紧扣主题，一开始需要亮出主题，过程中要紧紧抓住主题。最后，代表课还需要呼应主题，课堂环节要清晰明了，课堂实施要处理好轻重缓急，师生互动要讲练结合，使教学主题贯穿教学过程的始终，教学效果才能鲜明突出。

教学设计还要有清晰的层次。教师应精心设计教学的环节，保证其条理清晰，并通过实践验证教学设计是否符合学生学习的规律，是否能经得住实践的检验，是否能让学生和听课老师听得清清楚楚、明明白白。

教学设计在展示之前要先发给听课教师，让听课教师对照“设计说明”听课，这样会拉近授课人与听课人之间的距离，使听课教师的评课更具针对性。

2.个性化的课堂实施

代表课要求授课教师根据自己的教学设计，发挥自己的特长，体现自己的教学风格。教学设计是静态的，教学实施是动态的，教师的设计意图和教育理念就是在动态的实施中得以彰显。可以说，课堂教学实施能很好地展示教师的教学艺术。教学中师生的对话交流、思维的碰撞，都体现着教师的教学个性和对教学的理解。

教学要有亮点，亮点正是教师个性化教学的集中体现。亮点之“亮”就在于学生在课堂上的精彩表现，亮点之“亮”就在于教师对教材的深入解读和对学情的准确把握，亮点之“亮”就在于教师随时关注学生学习状态的课堂生成，充分调动学生的参与热情。课堂教学亮点能起到画龙点睛的作用，使教学过程充满魅力。

同时，课堂教学风格要具有教师的个性特点，诸如轻松活泼、优雅知性、清新自然、幽默风趣等。

3.个性化的课后研讨

课后研讨先是授课教师“自评”，即授课教师简单介绍设计主要意图、研究方向以及实施反思。然后是“三层点评”：一是同伴互评。互评教师在课后检测的基础上，对同伴课堂教学进行点评，应侧重学科知识与能力的落实情况的评价。二是业务领导点评。业务领导根据教学要求、教学一般规律对课堂教学进行分析，指出课堂教学的优缺点，应侧重对教学方式与方法的点评。三是教研团队核心成员点评。他们的点评包括风格印象、问题探讨、设计的建议、研究方向、教学案例的写作等，应侧重教学研究方面的评价。

工匠总喜欢不断雕琢自己的产品，不断改善自己的工艺，享受着产品在手中完善升华的过程。和工匠雕琢自己的产品一样，代表课更需要精心打磨，而且需要“全方位”“多对一”的个性化打磨。

四、做好研究成果的规范表达

一项教研工作按计划完成后，需要对整个过程及其结果进行总结，用文字记载下来，即形成一份“教研书面材料”。这份材料是对研究过程、思维过程的梳理。怎样用恰当的文字把成果表述出来呢？一般来说，校本教研成果可以用多种文字形式来表述，比如论文、研究报告（实验报告、调查报告）专著等，也可以用教育案例、教后记、评课稿、教学反思稿、教学设计、课堂实录等形式来表述。但无论有多少种表述形式，最具有代表性的还是教研论文。下面，我们就来谈谈教研论文的撰写问题。

一篇论文往往由七部分构成，即题目和署名、摘要、关键词、绪论、正文、结论、参考文献。

1.题目和署名

题目是对论文内容的高度概括，直接向读者展示研究主题。所以，好的论文题目要做到醒目、简练、有创意。论文题目的形式有多种：

（1）论点式。这类题目往往用肯定句来表达，从题目上就能看出作者的论点。比如，《教学与管理》2019年第17期上的《教师须防止过度提醒》《让家长的故事来育人》这两篇论文的题目就是如此。

（2）范围式。这类题目只是给出一个比较宽泛的论述范围，并不显示出论点来。例如，《教学与管理》2019年第17期上的《小学数学概念的结构化建构——以苏教版《数学》五年级下册“圆的认识”一课为例》即范围式题目形式。

（3）提问式。这类题目是以问句的形式表述的，题目中提出的问题就是论文要解决的问题。例如，《福建教育》2019年第31期上的《教育信息化革新何以科学有度？——以“电子书包”的校本应用为例》一文的题目。

（4）引用式。这类题目使用了诗文、谚语、典故等，或者是题目来自论文中的经典语句。2019年第9期《小学教学（数学版）》中《教学设计如何做到“目中有人”》一文，它的题目虽然是问句形式，但是它却不是提问式的题目，而是引用式题目。

论文题目下应是署名和作者的工作单位。

2.摘要

短论文可以不要摘要，较长的论文一般要写摘要。摘要是论文内容的简述，它可以使读者在较短时间内了解论文的主要内容。

摘要的文字要简练而概括，一般200字左右。摘要的内容要全面，涵盖论文主体内容，作者不在摘要中对论文作出评论。

在此，我们以江海云发表于《教学与管理》2019年第17期上的《基于头脑风暴的教研组主题沙龙》这篇论文的摘要为例，供读者分析和参考。

摘要：头脑风暴式教研组主题沙龙活动，在实践中形成萌发问题、明晰主题、表述建议、畅谈策略、提炼经验的操作流程，体现了从个体到群体、再到个体的问题研究与解决方法，让教师的草根认知与实践从混沌走向明晰，从而发生突变与升华，促进教师以及教研团队的积极成长。

这篇论文的摘要120多个字，内容涵盖论文主题内容，没有一句是对论文的评论，符合摘要的写作要求。

3.关键词

它是表达论文主体内容的词语或者术语，要安排在摘要的下面，选择3—6个为宜。还以上篇论文为例：

关键词：头脑风暴　教研组　主题沙龙

4.绪论

写在正文前，其主要内容包括提出问题，说明写作目的。绪论要开门见山。

5. 正文

正文是论文的核心部分，它必须对所研究的问题进行全面阐述和论证，即对掌握的材料进行分析、综合、判断、推理，最终得出自己的结论。

中小学教师的研究成果一般是经验型的，写出来的论文也属于经验型论文，所以，正文部分一般要阐述清楚两方面问题："怎样做"和"为什么这样做"。阐述"怎样做"，就是讲具体的措施；阐述"为什么这样做"，就是阐述这样做的意义和理论依据。

在论文写作中，这两方面问题不能缺少。假如没有写清楚"怎样做"，论文就会空洞无物，没有应用价值；假如没有阐释清楚"为什么这样做"，论文则显得缺乏理论支撑，没有深度，没有说服力。

作为一线教师，在论文写作过程中，需要把握以下几个技巧：

第一，新颖。论文写作忌讳拾人牙慧，论述要有新意。教师一定要自己去钻研，自己去创作，以保证发表的想法和见解是独创的。同时，围绕新的热点理论问题要反应迅速，将自己的新发现和新见解及时总结并发表出来。

第二，小巧。论文的选题和切入口应努力追求小巧。小角度便于深挖掘，没有一定深度的论文不是好论文。"巧"不仅是视角巧、立意新，也指要在小视角里把新的立意阐述得通透、深刻。

第三，严密。论文写作要求论证过程严密，内在条理性强。要努力做到丝丝入扣，语言精当。写作过程中要反复比较、推敲、修改，思考自己的论述或表达是否站得住脚。

第四，清新。清末诗人黄遵宪说："我手写我口，古岂能拘牵？"意思是"我"所写的是"我"要说的，那些过时的陈规旧矩哪能限制住我呢？后来，"我手写我口"被人们改为"我手写我心"，意为写文章要真诚，发自内心。教师在写作过程中也要以手写心，写自己的教学实践。一线教师的论文一般说的是自己在教学实践中的所为、所悟、所得，所阐述的理论也是实践性理论，不宜抛弃应有的实践性品质、清新的文风。

另外，教师要善于发现和积累，多从平时的生活中发现思想的闪光点，多去发掘一些新的思想和创意，积少成多，再适当裁剪整合，形成某一观点。论文的写作过程就是不断积累、充分酝酿、反复论证的过程。

6.结论

结论是对论文全部观点的总结。

7.参考文献

参考文献附在论文最后面，其内容应包括所参考的资料的作者姓名、篇名、书刊名、期数、出版单位和时间等。参考文献的注释方法有三种：第一，尾注。在论文结尾附上参考文献。著作、期刊、论文分别有不同的标注形式。第二，夹注。在引文中注明文献来源，注解的部分放于小括号内。第三，脚注。在页下作注，专著用脚注的比较多，这有利于读者边阅读边查看引文来源。

在一篇论文或一部专著中，必须采用同一注释法。注明“参考文献”，不仅表明研究者有严谨的治学态度，体现研究者对他人研究成果的尊重，而且还可以避免剽窃之嫌，减少著作权纷争。

五、学习——提高教师教育能力的最佳途径

随着教育的发展，教师不能安于现状，应该力求在适应中有所超越，永不停止对教育理想的守望，对教育真理的追求。

学习是提高教师教育能力的最佳途径。学习是教师之必为，也是教师之所为，更是教师之能为。教师的学习应涉及学校教育乃至社会生活的方方面面。对于教师而言，应从自身出发，思考自身学习的可行性路径。

（一）在阅读中学习

读书对教师而言是必修的功课。教师应该掌握的专业性知识，如所教学科的知识、教育科学知识等的获得都离不开阅读。为了适应社会的发展与教育改革的需要，今天的教师应该不断提高自身素质，并具备开阔的视

野，要了解教育发展的新动态，关注教育事件和教育重点热点问题，了解学科发展的新趋势，了解现代化的教育教学理念，掌握现代教育技术等。这就要求教师应该多读书、读好书。但是，现实的情况并不乐观。说到读书，教师们普遍反映："生活、工作的压力让人喘不过气来，哪有心思读书！""大部分时间被学生占用，能坐下来看书真的不容易。"有限的阅读，使得教师跳不出自己日常的习惯性思维，很难取得突破和创新。

教师不读书的情况大致有两种，一是认识不到读书的好处，认为不读书照样可以教书；二是知道读书的必要性，但确实没有时间没有精力读书。不管是哪一种情况，教师都要清楚地认识到：阅读是学习之本，是立教之根。苏霍姆林斯基曾这样说，为什么教师要懂得那些课堂上并不学习的东西以及那些跟所学的教材没有直接联系的东西呢？这是因为教学大纲的知识点对于教师来说，应当只是他知识视野中的基本常识。只有当教师中知识视野更加宽广时，教师才能成为教育的真正能手。教师不能只满足于当一个"教书匠"，当一个知识的搬运工，教师只有通过阅读拓宽视野、提高审美情趣、充实精神营养、完善人格塑造，才能承担起启迪学生美好心灵的责任。

此外，读书是教育生活必不可少的一部分，并应融入教育教学活动之中。"阅读是为己之学"，真正的阅读是非功利的。教师在为己的同时也是为了学生。一个热爱读书的教师，一个终日浸染于书香之中的教师，身上必然洋溢着书香之气。与其说阅读是为了解决问题，还不如说它更是一种兴趣，一种生活方式。

对于一线教师而言，要知道应该阅读什么，如何阅读。经典之书应是阅读的首选，因为经典作品是经过时间和历史检验的。意大利作家卡尔维诺在《为什么读经典》一书中曾说过，经典作品有一个特殊效力，就是它本身可能会被忘记，却把种子留在我们身上。

在当今这个网络发达的信息时代，网络阅读也是不可忽视的读书途径。网络阅读资源丰富，但也良莠不齐，教师应不断提高自己的媒介素质，取其精华，去其糟粕。

如何阅读？阅读要善于思考。叔本华说过，被记录在纸上的思想不过是像在沙上行走者的足迹而已，我们也许能看到他所走过的路径，如果我们想要知道他在路上看见些什么，则必须用我们自己的眼睛。教师不能让自己的头脑成为别人思想的跑马场。

阅读能促使我们思考，思考现实，思考自身。阅读一本书，犹如与作者展开一场对话，在茫茫的时空中获得精神的慰藉。其实读书的过程也是找寻自我的过程。

（二）在行动中学习

无论我们怎样强调学习的重要性，首先我们要明确的是教师的“学”终究是为了“教”，而且是在“教”中“学”，在“做”中“学”，即以“教”促“学”，以“学”促“教”。如果教师的学习始终外在于教育教学，仅仅把学习当成单纯的“为己”活动，这是背离教师学习的精神实质的。真正提倡的教师学习，无一不指向教育教学，无一不具有教育的色彩。用教育的眼光来看，其实“学”也就是“做”。江苏海安实验小学原校长金沙先生也曾说过，要想真正成为一名好教师，除了“做”——踏实细致地做、真心实意地做、坚持不懈地做——别无二途。教师的教学成果就是脚踏实地“做”出来的。

教师在“做”中“学”，主要是从教育实践中的问题出发，从教育现实中获取信息和灵感，并针对教育教学中的具体问题展开研究与思考。教师在教育实践中培养对真实教育事件的判断和反应能力，增长教育智慧。

教师每天身处复杂的教育情境之中，需要具备一定的临场机智，这种临场的智慧如何产生？这需要教师具有敏锐的意识，善于透过教育现象发现教育生活中的“真”问题。发现问题的过程往往伴随着学习解决问题的过程。在问题中学习，在学习中进步。有研究者总结了教师学习的几种类型：第一，基于案例的情境学习；第二，基于问题的行动学习；第三，基于原创的研究学习；第四，基于群体的合作学习；第五，基于经验的反思学习。由此可见，教师学习源自教育实践，是基于教育问题教育情境的学习。

（三）在反思中学习

教师在“做”中“学”，不容忽视的因素就是教师的反思精神与反思能力。如果不具备起码的反思能力，对教师而言，明天的教学将是今天的重复。教师将在不断的重复中变得麻木，以至对教育生活中的问题熟视无睹。试想，如果没有对教育事件、教育生活、教育问题的反思意识，教师如何能从问题入手，反思自己的教学，从而改进自己的教学呢？

教育反思，首先是教师对自我的反思。“我是否热爱教育，是否热爱教师这门职业？我想成为怎样的自己？”这样的思考，更多是反观自己的教育教学生活，认识教育教学的根本意义，从而走出庸常的状态，提升日常教育生活的品质。

教育叙事写作正是一种引导教师教育意识不断提升的方式。叙事，就是讲故事，就是一种教育叙事写作，一种生活体验写作。日常叙事写作是一种探寻自我生命价值、挖掘日常教育工作意义的重要方式。记录下真实的教育生活，与他人共享、交流，并为教育研究提供第一手生动、鲜活的案例和文本，使教育生活在书写中得以还原，呈现出真实面貌。

日常叙事写作是教育生活的一种回顾与再现。通过文字的澄清、梳理，挖掘事例中潜藏的教育意义，揭露存在的问题，指出解决问题的思路，明晰行动的方向。在这个意义上，教育叙事写作乃是教师进行反思的一种重要方式。

日常叙事写作，需要教师自觉自愿进行，更需要教师有持久的热情，克服懒惰的心理。其实，如果日常叙事写作真正浸润到教师的生命之中，那么，写作就成了教师以“写”促学、以“写”促教的重要方式。

（四）在交往中学习

三人行，必有我师。教师还应该在与同伴的交往中学习，同伴的帮助与引领也是教师学习的重要途径。要向优秀的教师学习，这种学习不仅是通过听听课、看看名师的课堂实录来学习具体的操作方法与技巧，而应该学习其中的思想，获得某种理念。

要与同伴多交流。除了校内和校际同事的交流之外，教师还可以充分利用网络的优势，扩宽交流渠道，拓展交流空间。教师可以利用网络资源，建立个人教育博客，通过写教学日志与人交流、分享和探讨有关教育的所思所悟；可以到各大教育论坛发表评论，与名家对话，与名师近距离接触探讨教育问题；可以积极参加各种教师合作组织，在团队中得到提升与锻炼。

教师学习要以阅读为根本，立足教学实践，不断影响教育对象，并最终获得师生的共同发展。当学习成为教师内心自然流淌出来的需要，而且社会和学校环境能支持并满足教师的这种需要，教师就会积极寻求可行的学习途径并主动投入学习中去。

第五章　教研团队指导下的课程资源建设

校本课程是我国三级课程的重要组成部分，体现学校办学宗旨、学生需求和地方课程资源优势。教研团队利用教科研的专业优势，指导学校开展校本课程、综合实践活动的开发，并在实践中逐步改进，指导学校和教师形成敏锐的课程意识，形成开发校本课程的能力。同时，教研团队指导教师及时收集和整理教学研究过程中形成的资源，让资源流动起来，为教师以后的教学提供参考。

一、校本课程的开发

2001年，教育部印发《基础教育课程改革纲要（试行）》规定，实行国家、地方、学校三级课程管理。校本课程是实现学生全面而有个性发展的重要途径，是实施素质教育、充分发掘学生潜能和个性特长的突破口，有利于学校因材施教、多元化育人。随着课程改革的不断深入，开发校本课程成了推动课程改革的一大举措。2014年，教育部印发的《关于全面深化课程改革 落实立德树人根本任务的意见》提出“学生发展核心素养”概念。2016年9月，《中国学生发展核心素养》总体框架正式发布。校本课程承载着发展学生核心素养的重要任务，课程的设置指向学生核心素养的培育与发展。

农村教研团队成员是区域内的教科研骨干，他们更要认识到校本课程在促进学生的全面发展中的重要作用。团队成员要从课程教学的执行者向课程的设计者、参与者和研究者转变。校本课程开发不仅展现教师的学科特长和个性魅力，而且容易激发学生的学习兴趣，开阔师生视野，最终让师生在课程中共成长。团队成员要配合学校挖掘和利用本地的风景名胜、风土人情、特色物产、著名人物以及学校的人文景观、特色学科、乡土教育等资源，开发校本课程。在课程开发的过程中，教研团队要关注如下问题。

（一）有序安排，整体推进

我们应该站在学校发展的层面整体把握课程开发，让校本课程成为全校课程体系的重要组成部分，不能让校本课程各自为政，成为任课教师的“私事”。对校本课程的教育目标、教学内容、教学活动方式等，要有规划、有设计、有评价，要结合学校教育资源统一安排好课程编制，根据学生的兴趣、爱好、特长和教师的特点，整体有效地安排教学内容，努力形成统一连贯的课程体系，有序推进学生学习，促进学生全面发展。

（二）塑造人格，涵养德性

课程内容要符合学生发展。校本课程要促进学生人格发展，尊重学生的生命价值，涵盖生活教育、职业教育、社会教育等，尊重学生的成长规律，以学生为主体，吸引学生自觉参与。人格的养成、德性的提升是个长期的、潜移默化的过程。校本课程要把立德树人放在首位，内容应具有先进性、时代性特征，要充分体现该领域近年来所发生的变化，及时反映当前先进的科技成果，培养中国梦的追求者和实践者。

（三）尊重学生，彰显个性

教育学生首先要尊重学生。课程开发要以学生发展为本，广泛征集学生意见，评估学生对校本课程的要求，以学生需求为依据，依据学生发展特点，及时灵活调整教学组织方式。校本课程的教学形式必须体现灵活性，可以在班级进行，也可以走出班级，组织学生听演讲、听报告、看电影、做调查研究，有条件的还可以组织学生外出进行实践活动。

（四）开阔视野，体验美好

通过校本课程开阔学生的视野。学生好奇心强，充满活力。我们要利用课程使学生获得广阔的发展空间，无拘无束地感受、体验、思考、想象，让童心自由飞翔。通过课程创设的场景或情境，激发学生追求真善美的欲望，获得美好的生命体验。

（五）与自然同步，与社会同行

课程开发要注意和自然、社会的融合。人与自然有着密切的联系，大自然是人类赖以生存和发展的不可或缺的物质资源，也是丰富人类精神世界的重要泉源。自然中的许多事物，如家乡的山川河流、物产都可以作为资源融入课程。同时，人生活在社会中，和社会的方方面面发生关系，社会生活也可作为资源融入课程，这样的课程体系能培养学生关注社会生活的意识。在课程的设置上，要将视角转向广袤的农村，根据地域特点进行课程开发，激发学生热爱家乡的情感。

（六）与教学互联，与生活相通

课程开发要注意结合已有的教学内容。课程开发需要从学生熟悉的教学内容生发开来，这是对教学内容的拓展，有利于学生能力的提升。如科学课上的养蚕、数学课上的测量、语文课上的习作等，都可以从不同年级寻找同一主题，形成序列。这样有助于消除学科之间的隔阂，强化学科间的关联，沟通知识间的内在联系，将各学科的相关资源提取出来重新整合，以新的架构呈现给学生。

（七）空间开放，全新视角

校本课程的开发不要把课程过多定位在课堂这个空间上，设计时要开放空间，努力突破原有的框架限制，尽可能使活动丰富多彩、富有新意。在开展活动的过程中也要关注生成，及时吸纳新鲜的话题，这样的课程处于不断创新之中，给学生带来新颖的视角，能为学生带来一片新的天地。

（八）过程为重，综合考量

校本课程的教学评价不仅要关注结果，更要注重学生作为主体参与活动所表现出来的状态，看学生活动时的情绪是否积极主动，思维是否广阔灵活，感受是否真切自然。只有让每个学生都实实在在参与其中，亲历活动过程，他们才会在课堂上获得真正的提升。

在评价校本课程时应坚持多元的价值取向，不能简单地用量化方式来评价活动，要综合考量学生在知识运用和方法学习、实践能力和创新意识、情感体悟和人格修养等方面的达成度，客观全面地进行评价。鼓励教师以不同的话题，用不同的形式开展活动，并在活动中勇于创新。

总之，校本课程的开发要充分考虑学生的实际需要和人才培养的要求，以更新教育理念为前提，以加强教学科研为基石，以全面提高学生的综合素质为最终目标。

案例

绘本读写课程的开发与实施

绘本是一种重要的儿童文学样式。绘本图画与文字相辅相成，共同叙述一个完整的故事，双重表达文本的内涵。绘本画面精美、文字精炼、内涵丰富，深受各年龄段孩子的喜欢。借助绘本素材，开展读写活动，开发满足儿童语言学习、发展的绘本读写课程，一方面能提升低段学生读写的综合素养，另一方面能丰富他们的精神世界，锻炼学生的观察能力、思维能力、想象能力，从而使他们获得更为丰富的成长体验。

绘本读写中的“读”。儿童阅读绘本时需要被引导。绘本读写中的“读”就是引导儿童掌握基本的绘本阅读技能和方法，学习从图文获取信息，并根据图文信息进行推论、连结和整合，读出属于自己的绘本故事。

绘本读写中的“写”。儿童在阅读绘本故事的过程中，采用各种方式把自己的体会、感悟发表出来，并通过“写”进入故事“深处”。“写”是儿童阅读情感的出口和入口。

绘本读写。是以绘本为载体开展的读写活动。以读为主，适当结合“写”。在读写活动中，重在激发儿童的阅读兴趣，教授儿童基本的绘本阅读技能和方法；借助绘本丰富的语言学习因子，以读带“写”，以“写”促读。

一、绘本读写课程整体设想

低段绘本读写课程是根据低段儿童的阅读水平和认知规律，围绕若干主题单元，按年级螺旋上升，形成一个序列分明、“一本多用”的绘本读写体系。遵循“双线并进”原则，即以“单元主题”为明线，如“爱”“生命”“责任”等若干个主题，每个单元精选四本绘本，两年共计至少读写64本经典绘本；以“读写能力点”为暗线，按照学生的语言学习心理，设置符合儿童语言学习的读写能力目标，有计划地推进读写活动。

二、绘本读写课程的课堂类型

借鉴顾黄初先生写作教学理论，将写作课型划分为三类，分别对应文章写作的各个阶段。一是“构思训练课”，强调运思先行，确保“想清楚”再动笔。二是“起草训练课”，主要指导儿童表达已经“想清楚”的内容，简单地说就是让儿童在课堂上“打草稿”，进行“预说”或者“预写”。三是“修改训练课”，主要指儿童根据他人意见修改草稿表达清楚主旨，表达的“量”不是重点，关键在于“改”。

三、绘本读写课堂的课堂教学模式

在对绘本读写课程进行开发的过程中，一旦发现规律性的东西，要及时总结，形成行之有效的小学低段读写结合课堂教学模式。

A.“读—编—写”

绘本中的图画连接着文字内容和读者内心。好的绘本图画是“有音乐流动感”的画面，是文本的延续和诠释。

以“图”为主导的绘本中，文字不多，但图画精妙绝伦，给儿童新鲜的视觉享受。图画里蕴藏着的“秘密故事”，带给他们无限的想象空间和出人意料的构思。教师可以运用图画的张力，引导儿童展开丰富的想象，用鲜活的文字让画面立体、灵动起来，写出“原文本”未表达的故事。

B.“读—说—写”

很多绘本用精简、有韵味的优美文字来铺陈故事。这样的文字叙述不但能深深打动儿童的心，更能激发他们的想象。

儿童在读绘本的时候，是没有故事主旨的概念的，他们能在反复诵读中感悟到故事的主旨，他们不缺少表达自己的感悟方法。因此，教师要给儿童提供“续写自己故事”的机会，让他们根据主旨，将绘本中的语言表达方式迁移到自己熟悉的、相似的情境中，实现语言的学习迁移。

C.“读—猜—写”

一本优秀的绘本，一定有一个好看的故事，让儿童着迷，非要一口气看完不可。故事有情节，有悬念，有因果关系，这些因果关系隐藏在故事里，就像一个个预先设计好了的问与答，它们会激发起儿童的好奇心，邀请儿童参与到故事之中。

绘本故事创设的悬念令儿童大胆想象，每个儿童都希望自己猜测的和绘本描述的一致，他们表达的热情空前高涨。

D.“读—辨—写”

绘本的创作主要是面向小学生，因而情节会比较简单，一般是围绕主人公讲述一个故事，但故事的配角身上往往还会隐藏着有趣的故事。这些“配角故事”，就是可开发的写话题材。教师可以引导学生把主人公经历的某个情节、某个片段“转移”到配角身上，让孩子主动挑战，写话的兴致又会在瞬间被激发。

绘本写话的策略还有很多。如“读—绘—写”，即读读绘本故事，根据绘本故事的主旨推测情节的发展，先画一画情节发展其中的某个环节和片段，再写一写主要内容。（资料来源：濉溪县百善中心小学　陈静）

二、综合实践活动课程的开展

随着课程改革的全面实施，综合实践活动课程作为其中的组成部分，在培养学生的创新精神、实践能力、社会责任感等方面都起了重大的作用。这门课程强调学生综合运用各学科知识，在分析、解决问题的过程中提升综合素质，特别是社会责任感、实践能力和创新精神，以迎接新时代的挑战，具有独特的教育价值。但是，怎样才能让综合实践活动课程真正发挥作用呢？

综合实践活动课程是从学生的真实生活和发展需要出发，将生活情境中发现的问题转化为活动主题，通过探究、服务、制作、体验等方式培养学生综合素质的跨学科实践性课程。综合实践活动课程在一定程度上打破了“学科课程”“活动课程”“课堂教学”“生产劳动”之间的边界，成为一种新型的融合课程。

（一）综合实践活动课程主题的确立

综合实践活动课程要紧紧围绕新指导纲要，明确目标，整体规划。教师要积极主动融入以学校特色和地域文化为基础构建的综合实践活动课程体系中，显示课程的生机与活力，凸显校园文化的风貌与魅力。综合实践活动课程要以学生的发展需要为出发点和落脚点，根据学生的兴趣、爱好和特长，引导学生自主选择活动主题，积极参与活动过程，充分发挥教师的引导作用和学生的主体作用，让学生在活动过程中产生创新观念和创意作品，让学生在实践过程中体验并践行理想信念和专业精神，实现知行合一。

1.注重将课程资源转化为实践活动的主题

面对丰富的学校课程资源，在开展综合实践活动过程中，教师要做的是把这些资源转化为综合实践活动课程的内容主题。课程要给学生提供一种学习的可能与实践的机会。我们要善于发现并运用课程功能与实践契机，将其与学生的学习需要对接，生成适合学生的综合实践活动主题。

地域文化具有鲜明的特点，与综合实践活动课程的融合能产生许多活动的主题。融入地域文化的综合实践活动课程具有如下特征：

第一，接地气。地域特色文化与综合实践活动课程的融合，可以使课程广泛接触学生的日常生活，在课程中融入学生喜闻乐见的文化形式，使综合实践活动课程更接地气。

第二，重实践。融入地域文化的主题活动源于学生的生活，活动主题是学生自主选择的，符合学生的兴趣、爱好和特长，学生能主动参与其中，亲身体验、敢于创新创造，这充分体现了学生的主体地位，有利于培养学生的实践能力，落实立德树人的根本任务。

第三，正能量。在主题活动中，学生会将亲身经历的积极的、健康的、催人奋进的、给人力量的人和事，融入综合实践活动课程中。

2. 关注学科、资源之间的融合和延伸

综合实践活动课程具有综合性、实践性、生成性、开放性等特点，这要求教师必须在教育教学活动中不断地结合学生和教学内容的实际去发现问题、分析问题，进而确立主题。综合实践活动课程是学生认识生活、走进生活的综合性学科。学校要求教师要从自己的教学实践出发，关注学科之间的融合和延伸，提倡将培养核心素养作为教师教学的重要内容。

综合实践活动课程强调学生综合运用各学科知识解决现实问题，提升综合素质，特别是社会责任感、创新精神和实践能力。实施综合实践活动课程要充分发挥学校各种课程资源的优势，注重把资源转化成一个个活动，但这些活动往往是散点式的。鉴于此，教师要对这些活动进行整体建构，让综合实践活动课程序列化、体系化。整体建构要兼顾学生整体发展与个体发展、全面发展与个性发展的需要。

（二）综合实践活动课程的几种课型

综合实践活动课程分为三个阶段：准备阶段、活动实施阶段、总结交流阶段。每一个阶段对应不同的课型，准备阶段有主题生成课；实施阶段有专题研讨课、方法指导课、设计制作课、实践体验课、中期反馈课；结束阶段有成果汇报课。课程分为七大环节，即情景导入、确定主题、方案设计、实践操作、成果展示、反思评价、拓展延伸。

1. 主题生成课

活动主题应基于学生的生活情境，结合本地、本校资源，其范围要小而精，要从学生感兴趣的问题出发，考虑学生的知识、经验、能力水平。因此，选择合适的主题是研究活动的第一步，整个过程要围绕“问题是什么？打算怎样研究？如何呈现研究结果？”开展。活动主题的确定主要经历五个步骤：学生提出研究问题，教师筛选有价值的问题，指导学生梳理归类问题，小组讨论筛选问题，确定主题的内容。这一过程中，教师起到指引者的作用，帮助学生筛选有价值的问题，梳理归类问题，把问题变成主题。在确定活动主题后，接下来要选择合适的研究方法，根据计划开展活动。

2. 方法指导课

在活动实施阶段，为了使活动起到应有的效果，教师可以开设方法指导或中期反馈等课程。教师在这一过程中可以结合具体问题对学生进行指导，例如怎样恰当地运用调查、观察、访问方法，如何进行资料整理，如何记录研究情况或个人感受等。方法指导活动的突出特点就是让学生亲历方法运用的过程，在实践中运用已有经验解决问题，通过体验、反思总结提炼方法。

3. 成果汇报课

成果汇报课上，教师首先要对本次活动作一个大体的总结，然后在此基础上，组织学生开展交流，分享活动的成果。例如，教师要求学生在自然科学类的课程活动成果中提供实验数据、实验报告、理论根据等。在汇报过程中，学生可以提问，并在质疑、解惑中再次开展活动探究。

（三）综合实践活动课程的评价

综合实践活动课程评价要突出对学生的发展价值，充分肯定学生活动的方式和解决问题的策略，鼓励学生自我评价，推动学生与同伴间的合作交流和经验分享，提倡采用多元化的评价方式，避免将评价简化为分数或等级。

评价内容的选择只有做到以生为本、科学选择，才能促进学生综合能力的发展。评价内容可以分为以下几方面。

1.多元能力

多元能力包括问题解决能力、思维能力、设计与制作能力、合作能力、信息处理能力等。

2.实践态度

实践态度指学生在综合实践活动课程中的主动性和积极性。教师通过观察学生参与综合实践活动课程的时间、次数、行为表现等来评价学生是否能主动提出设想、认真观察、积极思考，是否有坚持不懈的科学实践态度等。

3.自主参与

主要是看学生是否能亲身体验和积极实践，是否能在自主学习中独立思考、独立探索。

4.合作情况

主要对学生在参与小组及班级活动中的合作态度和行为表现进行评价。例如，学生是否能积极参与小组活动，主动承担小组分配的任务，认真倾听同学的意见，乐于和别人分享成果，在小组中主动发挥自己的作用等。

5.探究精神

对学生在提出问题、解决问题过程中的表现及其对探究结果的表达进行评价。例如，学生是否敢于提出问题，以创新和有效的方式着手解决问题并表达自己的学习结果。

6.成果展示

评价学生整理、加工、表达和交流活动成果的情况。

三、语文课外阅读课程建设和实践

自新一轮基础教育课程改革启动以来，濉溪县针对如何提高语文教学效果，如何优化语文教学过程等进行了一系列的实践和研究。濉溪县在市教研室小学语文教育专家指导下，参与了国家级课题“构建语文教科书与《同步阅读》一体化阅读教学模式”的研究工作，在语文课外阅读领域进行了积极的探索，就如何有效开展课外阅读以及如何做好课内外阅读的衔接积累了一些经验。

（一）建立课外阅读课程运作机制

关于如何建立有效的课外阅读课程运作机制，濉溪县采取了如下措施：首先，四所实验学校先行动起来，成立了以校长为组长的课外阅读指导小组，组员都是学校经验丰富、精力充沛的老师。学校为活动的开展提供有力的保障和必要的服务，例如，为教师购买图书，设置专门的讨论办公室，学校的业务领导亲自参与活动等。濉溪县教研室牵头组织校际研讨会，确定活动的目标，总结经验，及时解决活动中存在的问题。这些措施保障了课外阅读课程教学研究的正常进行。

其次，开展“手拉手”推进活动。四所实验学校和兄弟学校结对子帮扶，指导兄弟学校开展活动，让实验学校的成功经验得以推广。

最后，全面推广课外阅读课程。把实验学校的经验通过专题活动的形式展示、介绍给全县其他学校，让课外阅读课程在全县遍地开花。

（二）构建课外阅读课程教学模式

濉溪县共有四所小学参加了课题的研究工作。我们对这四所学校学生的阅读情况进行调研，发现各校情况虽有差异，但总体情况大致相同：学生阅读内容选择无序，课外阅读缺乏必要的指导，学生阅读兴趣不高等。针对各校的实际情况，我们主要采用了“课外阅读+经典诵读”相结合的模式。结合学生的年龄特点和学生所学教材内容，教师帮助学生选择合适的读物，并分年级推荐给学生；吸取中国传统语文教学的宝贵经验，开展“经典诵读”，主要目的是丰厚学生的语言积累，培养学生对祖国语言文字的热爱和对经典作品的欣赏与敬意。运用这种教学模式的关键是对学生阅读内容的选择。我们主要通过三种方法来确定阅读书目，保证学生阅读的内容既符合学生的认知水平又有适当的挑战性：第一，借鉴名家的推荐读物书单；第二，各校教师自主推荐读物；第三，学生试点选择读物。

根据单元训练目标指导学生课外阅读。主题明确的单元设计，更容易引起学生对某个阅读主题的阅读兴趣，进行更深入更广泛的阅读，因此在选择和使用课外读物上要围绕单元教学目标进行。立足语文教科书，从教材出发，把课外阅读内容引入课堂，实现课内外阅读内容的衔接。学生课外阅读的内容有许多是跟教科书有关的，教师可以有目的、有针对性地引导学生将课外阅读与课本相结合，这样就可以有效帮助学生理解知识，促进知识的吸收与消化。在阅读教学中，教师还应根据学生的需要，在课前或课后布置学生阅读与课文内容相关联的文章，以拓宽学生的知识面，促进学生对课文内容的理解。学生学习新内容之前将拓展阅读作为铺垫，更容易将已有知识经验和新知识之间建立某种联系，尽快进入新知识学习。这种阅读内容或是对作者的介绍，或是和课文背景、主要人物、主要事件相关，是学生获得新知识的基础。

课外阅读与当地文化学习相结合。濉溪实验小学结合本课题，开发了校本课程走进濉溪。该课程邀请当地学者精选濉溪的历史、文化素材，编辑成册，并以此为主线开展阅读活动和社会实践活动，让课外阅读的内容由课本拓展开来，提高学生语文素养的同时，也让学生更热爱自己的家乡。

经典诵读的内容以课标推荐的经典读物为基础，以《经典诵读》为主要读物，辅以“主题”（根据重大节日和纪念日确定主题，根据季节、景物确定主题诵读）。

学生课外阅读内容的合理性和适用性还需要时间的验证，但对一线教师来讲，课外阅读书目的选择有了操作的依据，也会给濉溪县的其他学校，尤其是农村学校提供范例，让他们可以借鉴实验学校的做法，让全县的小学生都有合适的书读。

（三）点面结合，开展课外阅读活动

课内指导是提高课外阅读效率的有效途径。课内的阅读指导是“点”，学生课内的阅读交流和课文的自主阅读是“面”，只有将“点”和“面”有机结合，才能让课外阅读真正“立”起来。

1. 开设阅读指导课

课外阅读只有及时得到教师的帮助、指点，并让学生体验到读书的快乐，充分感受到阅读对于自身提高的作用，才能长久使其保持阅读兴趣，养成良好的阅读习惯。阅读指导课的课型因年级而异，低年级一般选择“引读激趣—设疑促读—自主阅读”的指导形式较好，指导课目的重在激发学生阅读的兴趣；高年级则更多地激发学生的思考和质疑，帮助学生抒发独特的读书体验。教师要让学生掌握不同文本的阅读方法，提高阅读效率。

2. 组建阅读小组

学生的知识一部分来源于同伴，因此，组织和谐相融的阅读小组是提高课外阅读质量的关键。阅读小组可考虑方便性、相似性、补偿性等因素组建，以达到和谐相融的状态。这样，志趣相投、心理相容、智能互补的小群体得以形成，学生个体内在的“群体感”“亲和感”“友谊感”能在小组互动中得到较好体现，学生的“归属感”“认同感”“群体支持力量”等方面的心理效应也能够发挥作用。但是，还需要引导学生主动、协同开展阅读活动，学会倾听、共同讨论、相互借鉴，以达到利用集体的力量实现小组成员智、情、意等方面的共同发展。

3. 开展阅读活动

选择合适的时间、地点，让学生初步尝试自主阅读的乐趣，感受阅读的魅力，这一环节非常重要。教师可以利用学校的课前十分钟，让学生朗诵经典诗文；合理利用学生在校的时间，让学生交换读物，交流读后感。化零为整，合理利用时间，形成“好读书，读好书”的良好氛围。通过“赛诗会”“共读一本书”等活动，引导学生多读书；通过“我最爱的一本

书”的演讲比赛和征文活动，促进学生深入地思考总结；利用黑板报、宣传栏、小广播等宣传读书活动，让读书活动深入人心。阅读活动既能让学生了解读书的重要性，也能激励学生多读书。

四、研究资料的积累与展示

无论是日常教研活动的开展还是课题研究，都会面临研究资料的搜集、整理和分析。这些研究资料经过梳理、归纳、提炼，一方面是对过往教育教学经验的总结和提升，另一方面将为下一步教研活动的开展或未来教育教学的改进提供宝贵的借鉴。因此，研究资料的积累是教研活动中不可或缺的一环。

但在日常的教研活动中，有些教师缺乏积累资料的意识。以公开课教学为例，很多教师在教学设计的过程中，搜集了大量的相关资料，并从中受到了启发、开阔了思路。但这些围绕一定主题所搜集的资料并没有被系统地梳理和保存，当其他教师遇到类似问题的时候，相同的搜集过程又重复一遍，造成时间、精力的浪费。另外，有些教师注重教研活动的课堂展示，但活动结束后的相关资料，尤其是其他教师的研讨意见并没有被及时系统地梳理出来，随着时间的推移，再好的思维碰撞和教育智慧也会消于无形，不能留下应有的痕迹。这些资源的积累过程实际就是教育思考的再度开发。

（一）搜集与教研活动相关联的背景资料

教研活动主题研究的背景资料，包括相关理论、研究动态、实践成果等，还有的是问卷调查所涉及的选项性资料，或者访谈、座谈、个案调查分析等活动前期所做的调研性工作中的数据资料。对这些资料的搜集和整理都是围绕活动主题展开的，是对无序的信息进行加工整理、分析处理，从而获得有价值的信息，寻找蕴含其中的规律。对具体问题的资料分析，还能使教师深入地理解有关问题的处理方法，提高教师的科研水平，使教学研究工作更加明朗化、有序化。

搜集与教研活动相关联的背景资料的途径有很多，比如，可以通过图书馆查询资料，也可以上网查找，还可以搜集报纸杂志上的相关信息。教师要做课题资料搜集与学习的有心人，时时留意自己教研主题所需的资料，并对自己搜集来的资料进行分类、归档，从而使研究的思路越来越清晰。

（二）及时记录反思，经常撰写研究论文

教师要经常撰写教研、教学日记，记录自己的思考和探索。教师在教学研究过程中，如一次问卷调查、一次课题访谈、一堂与课题相关的实践课、一次课题研讨会等，往往会有许多感触，教师也会从这些活动中得到启示。真实的教育感悟、鲜活的教育实例就是我们研究最直接、最有价值的资料。我们提倡教师记录日常工作生活中的长处和不足、喜悦和遗憾、思考和尝试。记录就要回忆，回忆就要整理思路，整理思路就要选择，选择就要对教育有所思考，思考是教育智慧提升的基础。阅读教育日记、教育叙事，更容易让教师回到具体的教育情境中，寻找解决问题的办法，获取教育的自信。

撰写论文是提高教师自身科研水平的关键所在。教师在教育教学过程中，要善于思考，勤于动笔，要选择新颖、有价值和实践性强的论题撰写。撰写的论文若能得以发表，不但能激发教师的研究热情，还能增强研究者的自信，扩大自己教学理念的影响力。

教师的教育教学反思不仅是研究资料的积累过程，也是教师个人专业成长的必经之路。只有经过不断反思和实践，教师才能实现教育教学能力的提升，最终成长为研究型的教师。

（三）搜集和整理典型个案

典型个案有代表性、示范性，有探讨和研究的价值。典型个案包括教学竞赛、主题教研、专题教学课例等活动中呈现的课例。教研活动中的这

些课例经过集体研讨打磨，代表着学校或者区域内的教研水平，能引领“同类型”课例的教学。我们要有意识地搜集和整理典型个案，包括整理详细的教学设计、设计理念的解读、教学方法的解析、深度的教学反思、与之配套的教学课件、教研团队的教学评价等。如果配有教研团队整个的磨课过程，记录教学设计修改和完善的过程，会让典型个案的教研发挥更大价值。如果教师每学期都能围绕一个主题不断积累典型个案，不但会为其教学提供参考，还会大大降低教学的盲目性，提高教学的针对性。

（四）整理和归纳教研活动的资料

高质量的教研活动都会围绕一定的主题展开，活动前的主题确立、活动中的研磨、活动后的对话交流，都是对教研主题的研究、落实、总结。活动的参与者查阅资料、深入思考、积极探索，每一个意见的提出都是其教育智慧的展现。作为组织者，要有意识地将其记录下来，并在此基础上进行归纳和整理，整理后可交给提出意见的教师审核，以保障记录的准确和完整。归纳和整理意见的过程，也是回顾教研流程、深化教育理解的过程。整理的资料相对完整地呈现了教研主题的探讨和解决过程，对教师的教学有很大的促进作用。我们经常看到的某些教研杂志中的“辩课”栏目，就是记录了教师对教研主题的思考，也有争鸣和对话，不同的观点能让观者深受启发。

网络教研的出现打破了教研的时空限制，参与者公开客观地发表言论。网络研讨的发言长短不一，时断时续，更需要组织者对大家的言论进行整理，最后统一展示，这样才能提高网络教研的实效性。

（五）教学、教研活动大事记

在课题研究中，肯定会开一些会议，安排一些活动。课题负责人要真实记录围绕课题所进行的一些大型活动的情况，如课题论证会的记录、课题前测或调查的记录、课题研究动员学习会的记录、课题成果交流会的情况记录、课题实践课的听课评课记录、市县教科研部门领导的课题调研记录等。教师在日常教学中也要注重记录教学、教研工作中的大事。大事记记载的内容可详可略，但必须记录下研究的活动时间、地点、参加人员、活动的中心问题及活动效果等。

（六）教研活动的展示

教研要“走出去”，一方面，要把视野投向区域以外，广征博采，兼容并蓄，为我所用；另一方面，要把自己的研究成果及时的传播出去，让更多的人了解教研成果，吸引更多的人关注教研活动，从中寻找适合他们的内容，也可为我们的活动提出建议。

网络信息技术的发展，为研究成果提供了展示的平台。安徽省基础教育资源应用平台是安徽省建立的资源平台，全省教师都可注册成为会员。该平台建设规范合理，教师可以根据栏目分类，在平台提供的个人空间展示教科研成果，还可以利用平台进行交流，了解各地的教育科研现状。教研团队还可以把研究的主题活动、主要的研究经历、研究成果在微信公众号进行展示，在宣传教育科研成果的同时，也能达到积累教研资源的目的，对教师和学校开展教研活动起到很大的推动作用。除上述平台外，教师还可以通过博客等平台展示成果。

五、网络资源的选择与运用

近几年来，随着信息技术教育的发展，网络教学资源运用于课堂教学的情况越来越普遍。网络教学资源获取方便、迅捷，可以帮助教师解决传统学科教学中难以解决的困难，提高课堂教学的效率。但是，如何科学、合理、高效地利用网络教学资源，促进学科教学改革，实现培养学生基本能力和信息素养的综合教育目标，仍是亟待解决的问题。

网络教学资源可以分为素材类教学资源，包括文本、图像、音频等；集成型教学资源，即课件、教学模拟、教育专题网站等。丰富的网络教学资源为教师提供教学指导的同时，也存在同质化、良莠不齐等劣势。海量的网络教学资源常使教师面临资源选择的困难。教师需要对网络教育资源进行归类、甄别和选择，寻找获取教育教学资源的便捷路径，根据实际需要有针对性地选择教学资源，避免盲目性。

（一）以学生的学习活动为基点，选择网络教学资源，落实学习活动

在课堂教学中，要从学生的生活实际出发，研究学生自身学习的特点，巧妙地把教学资源引入课堂，结合学生的实际学习情况，推进以学习活动为中心的教学。

1.以学生的视角选择恰当的资源

学生最感兴趣的话题是最有价值的，教师要从儿童的视角来寻找网络教学资源，创设和学生生活联系密切的问题。教师应站在学生的角度准备教学内容，根据学生学习的需求对网络教学资源进行重组和开发，组织学生开展学习。教学是为学生的成长服务的，教师选择贴近学生生活，能有效唤起学生生活体验的教学内容，这样才能提高学生学习的兴趣。

2.从学生生活出发，裁剪网络教学资源，“活化”生活场景

教材中的生活事件（教学内容中的事件、场景）是固化的内容，是关键环节的定格，是生活事件的高度提炼。要想让学生产生情感的共鸣，引发深刻的体验，形成道德经验，就必须把这些场景“活化”，变成一个个学习的情境、讨论的情境。对此，教师可以利用网络教学资源，“活化”生活事件，将其融入教学中，帮助学生学习。

3.利用网络教学资源，设置问题情境

学生的能力提升和素养的形成，会在活动中出现反复和波动，而学生最终会在实践活动中形成自己的价值判断。学生进入课堂学习时，已经具备了初步的判断能力，知道什么是对什么是错。我们教给学生的肯定不仅是简单的是非判断，而是要让学生在具体的情境中进行感受，在合作讨论中做出正确的行为选择。具有思辨性的问题情境的设置，就是创设生活化的真实的情境让学生辨析。

（二）从教师的指导出发，创造性地使用网络教学资源，开发课堂

在资源应用过程中，教师往往选择符合教学需要的资源，采用各种方式和手段使学生能够在课堂教学规定的时间内取得尽可能好的学习效果，实现既定的教学目标。具体而言，就是教师要营造有效的教与学的支撑体系，使学生学会高效学习，开拓教师能力提高的有效途径，提高课堂实施的质量和效率。

1.运用教学资源，建设开放包容的课堂学习氛围

网络教学资源应与教学过程紧密结合，而不是简单地照搬照抄网络资源。真正的信息化课堂不仅是信息技术的运用，更应该注重师生、生生间的互动。教师要在课堂教学中引入优秀的网络教学资源，以学生发展为中心，借助信息化的学习环境，建立平等、和谐的师生关系，使信息技术真正成为学生学习的有用工具。

信息技术的运用，使我们的课堂更具有开放性，学习过程中的双向互动和多向互动增多，学生思维更加活跃、敏捷，学生也会在课堂上呈现更多的活力。开放的课堂打开了学生的思维，更加关注学生思想的独创性、表达的个性化，不再追求答案的标准、统一，允许学生犯错，这样的课堂必定是包容的。

2.运用网络教学资源，激发学生的创新意识，提升学生的创新能力

新一轮课程改革的核心任务是转变学生学习方式。教师课堂教学方式的改革，是为了转变学生的学习方式。课堂应以学生为中心，将学生作为学习的主人，教师只是引导者和组织者，这样培养出来的人才更具有创新精神与实践能力。

（1）使用微课资源，实现课堂翻转，发挥学生主动性

教师在微课的支撑下对传统的课堂进行翻转，即利用微课的优势与特殊性，实现课堂教学与课后学习的翻转，以此提升课堂教学的质量。例如，教师要在小学语文课堂中重点讲解表达爱国之情的古诗。对此，教师

可以选择优秀的微课资源，通过网络让学生课后观看。学生利用课后时间接受重点知识的传输，并且获得自主学习的体验。学生在对所学的内容有了足够的认知后，也生出一些问题。因此，教师可以将课堂变为学生交流与巩固的场所，实现课堂的“翻转”。在此过程中，学生根据自己在微课中获得的认知提出自己的观点与见解，同时对其他学生的提问进行解答。在相互交流与探究的过程中，学生能够顺利地完成知识的正迁移。在课堂的最后，教师要做好总结工作，对学生难以解决的问题进行集中回答，同时对学生已有的认知进行梳理，这样既突出了学生的主体地位，又体现了对学生的尊重，能够帮助学生获得更大的提升。

（2）引入电子图书资源，打通教学和生活的联系

网络教学资源中最为常见的是电子图书资源，如今各个学校都引入了班班通的设备，随时可以使用电子图书资源，极大方便了课堂教学。但各地的学情不同，教师需要对这些教育资源进行重组和开发。

（3）灵活使用资源，关注不同层次学生的需求，创新学习形式

随着现代媒体的发展，学校和学生都拥有学习的终端设备，可以凭借网络实现知识的重复呈现。需要重复学习的学生，或者需要老师和家长辅导的学生，可以借助老师提供的网络资源，结合自身情况进行针对性地学习，这样可以实现家校结合，形成教育合力。

（三）从教师专业发展角度选择，实现教师能力的不断提升

随着信息技术的发展和运用，校园网络畅通，教师可以通过网络随时随地学习。教师获取外界信息更加便捷，这给教师的专业发展提供了一个广阔的空间。从教师专业发展的角度来看，优选网络教学资源进行分析、评价、运用，对教师提升教学技能意义重大。

第一，合理利用网络资源平台。教育主管部门建立的专业网络资源平台上有丰富的教学资源，平台的权威保障了资源的优质，教师可以根据需要查找、利用有关资源。另外，还有大型的公益资源平台，如出版社资源平台、杂志社资源平台等。

第二，运用名家教学资源。一方面，这些资源有一定影响力，它们更新速度快，理念新，教师可以从中了解教育教学的改革信息。另一方面，名师的教学视频也值得教师学习、借鉴。

第三，网络阅读。选择知网等有影响力的网络平台，从中选择合适的文章进行阅读，以拓展教师的阅读面。

但网络资源良莠不齐，教师要有选择性地利用，不要被网络资源牵着鼻子走，失去了个人对教学的理解。教师的专业发展要在自我实践、反思、再实践的过程中持续展开。

（四）网络教学资源运用时机的选择

网络教学资源用于创设情境处，以激发兴趣。多媒体运用无疑为创设情境、陶冶学生的情操提供了技术支撑，更易激发学生的学习动机。通过运用多媒体，为教学提供生动的情境，为学生的“最近发展区”提供引导性材料，以吸引学生的注意及激发兴趣。

网络教学资源用于突出重点，化“减”难点。教学重难点往往不能靠语言的描述讲明白，有的靠学生自己去理解，有的则需要教师把抽象的描述变成形象直观的画面，教师如果能恰当地运用网络教学资源，优化教学内容，重难点将会变难为易。

网络教学资源使教学环节过渡自然。教师在引领学生的思路与学路往下一环节转移时，总是需要一些必要的过渡，从而使课堂更加流畅、灵动。这不仅体现在过渡语言的使用上，更体现在情境的过渡上。教师要适时利用多媒体，搭建桥梁、创设情境，将教学顺利过渡到下一环节。

网络教学资源提高学习时效。学知识是为了用知识，需要练习去巩固，因而练习效果的及时反馈尤为重要。它不仅能检测学生知识掌握的情况，同时也可以促进教师改进教学方法。智慧课堂利用网络教学资源，随时上传，随时反馈，既激发了学生兴趣，提高练习效果，也让教师及时掌握学生的学习情况，及时改进教学。

第六章　农村教研团队的文化建设

农村教研团队要健康持续发展，必须加强自身建设。校长是教研活动的第一责任人，任何成功的教研模式都离不开校长的参与和指导。同时，教研团队应加强自身的文化建设，提升团队的合作能力和执行力。针对此，这部分我们主要谈谈学校领导层与团队建设的相关问题。

一、农村学校的校长在教研团队建设中的角色定位

农村学校的发展需要立足学校实际，培养优秀的教研团队，由团队成员带领学校开展课程改革，推动学校的发展。农村学校的校长在团队建设的过程中，要全面审视并指导团队的发展，帮助团队构建工作的内容、方法、形式，形成团队文化，对团队的发展要及时评价，鼓励团队成员的专业发展，树立团队发展的信心。

国家把振兴农村教育的工作摆在十分重要的位置，一方面注重提高农村教师的收入水平，另一方面注重提升农村教师的教育教学能力，注重农村教育的优质均衡发展。乡村教育的振兴要立足乡村，发掘和培养了解农村教育现状的人才，做到精准发力，解决当下问题。农村学校的校长承担着发现和培养人才的重任，在制度建设、教育教学改革、教学管理等方面发挥重要作用。教育部下发《关于开展中西部乡村中小学首席教师岗位计划试点工作的通知》(教师厅函〔2019〕5号)，体现了对乡村教师的关注。试点在乡村学校设立一批中小学首席教师岗位，支持他们大胆探索，创新教育理念、教育模式和教育方法，形成教学特色，鼓励他们成长为当地基

础教育的领军人才。濉溪县的农村学校虽然储备了一批具有优秀教育教学能力、组织协调能力和区域影响力的教师，但就如何凝聚为教研团队，形成合力，助力学校发展，仍值得研究。校长在教师职业生涯发展中扮演重要角色，教师发展是一个持续的过程，校长作为组织领导者，承担着指导者、建设者、评价者等不同角色。

（一）校长要做指导者，全面审视教研团队的发展

学校教研团队是应学校发展需求而建立的，体现了学校的发展理念。校长对教研团队的建立必须进行系统地思考。首先，明确团队的任务，即如何解决教育教学中面临的实际问题，促进教师的专业发展；其次，筹划团队发展程序；最后，绘制团队发展的路线图，也就是解决好“做什么”“怎么做”“做成什么样”的问题。校长要能精准把握全校状况，制订有针对性的指导策略，对教研团队的工作提供有力的帮助，这样才能保证团队工作目标明确、接地气，不做表面文章。濉溪县韩村中心学校就依托中心小学骨干力量组成教研团队，以辐射全校的大教研模式来解决农村小学教研力量薄弱的问题。

在教研团队发展的不同时期，校长应提供有针对性的专业发展方案以及适当的支持体系，帮助团队健康发展。比如农村小学教研团队的组建，需要遴选来自不同学校的优秀教师，这样有利于形成有发展潜力的团队。在团队发展的不同阶段，校长要为团队提供不同的指导，如开展专题研究、建立工作室、开发校本课程、组织教师培训等。校长还要不断为团队创造活动的机会，营造研究氛围，为团队在学校的持续发展创造优越的发展环境。

校长作为学校的管理者，要想带出一支有活力、有担当、出成绩的教研团队，自身要不断提升学习的意识，把握政策方向，引领队伍不迷航。校长要与时俱进，做科研和新课改的先行者。在这个快速发展的时代，校长要使自己的领导能力、学识水平、管理策略始终走在学校同仁的前列。

（二）校长要做建设者，推动教研团队工作的开展

校长要构建崇尚改革的学校教研文化。农村学校要发展，校长必须重视教育改革的作用。教育改革的阵地在课堂，关键在教师。教研团队要吸收新的教育理念，从改变课堂开始，改变传统课堂的教与学，从小处着眼，让教师感受到改革给学生带来的变化，从而接受教育教学的改革。校长作为领导者，要善于利用教研团队的教学成果，探寻教育教学的新方式新方法，支持团队做深入探索，鼓励更多教师投入到改革中去。校长在此过程中，要扭转教师安于传统教学的状态，实现教师和学校良性发展。

为促进团队活动的长效性，校长要做推动工作开展的制度建设者。教研团队是学习共同体，是学校专业发展的共同体。校长要利用交际、合作等手段，帮助团队和学校领导层建立良性互动模式，学会在区域学校内实现有效沟通交流，最终让教研团队自己动起来。校长要走进团队活动的现场，树立学习的标杆，用行动引领更多教师向教育教学改革者看齐。同时，校长在团队发展过程中要体现出对团队工作的关心和帮助，这会激发团队成员高昂的士气。

勇于尝试，创新研训的形式。校长不是所有学科的带头人，但应该具备敏锐的学科发展洞察力，发掘适合团队发展的形式和内容。校长要共享团队的教育教学理念，聚焦团队研究中的疑惑，为团队的发展提供强劲的动力。教研团队的成员处在专业发展的不同阶段，工作状态各不相同，尤其是农村学校的成熟教师，他们希望与他人分享自己的专业知识，因此，校长要尊重教师的专业经验，帮助他们实现自我期望。对学科领头人，校长要帮助他们正确定位。学校要给骨干教师搭建平台，使他们在更广阔的天地发挥引领作用；根据团队成员的不同发展需求，开展不同的研修形式，如名师工作室、教育沙龙、青年教师成长训练营等。开展听讲座、写反思、演讲、观课议课辩课等活动，为教师的职业发展提供强劲的动力。让教育智慧在团队中共享，让团队成员迅速成长。

融入科研课题，提高团队科研能力。教研团队要以本校的教育教学现

状为基础，归纳现象，提炼问题，寻求答案。解决问题的过程就是教育科学研究的过程，校长要鼓励团队提炼核心问题作为研究课题，在研究的过程中形成团队的凝聚力，提升团队成员的理论水平，解决团队成员的疑惑。校长要以课题作为指引，让团队工作的目的性更强，过程更加规范，这样更利于形成经验并加以推广。

（三）校长要做优秀的评价者，增强教研团队专业发展的信心

一位优秀的校长一定具有客观的评价能力，他能够认可、鼓励和赞赏教研团队的工作，激发团队的士气，让每一个团队成员都感受到自己的价值。团队成员会用自己积极的情绪感染身边的同事，最终促进教师不断发展专业能力、注重课堂变革，从而改变自己，改变学生，改变学校。

校长要走近教师，让团队成员感到校长不只是行政领导，更是团队的一分子。当团队开展活动的时候，校长要出现在活动的现场，可以静静地聆听或观察，或参与研讨活动，或及时了解存在的问题，这都会让团队成员感觉到校长是团队的一员。这样会让团队成员备受鼓舞，明白校长对团队的关心，这也会让参与活动的其他教师感受到教研活动的重要性。

及时鼓励，树立典范。校长要认可团队成员的努力，利用各种机会和方式表扬他们，这会鼓舞全体教师的士气。校长要理解和感受团队的工作，了解团队成员对教育的思考，倾听他们对于学校发展的建言，把握团队工作的动向。这样的交流，会给团队成员带来精神的愉悦和工作被认可的幸福感，这会鼓舞他们更加珍爱自己的工作。

校长要用“建设性的评价”来激发团队成员发展的内驱力。参与团队活动，与教师充分交流，提出自己的意见，帮助他们发现问题、自我反思。校长参与评价的过程，应该是一个有意义的改进过程。每一次评价结束，可能会在教师未来的教学和研究中产生积极影响。

作为学校组织的领导者，校长要关注教研团队的建设，把学校的发展规划和教研团队的发展结合起来，要发挥教研团队的力量，建成一支专业、敬业、乐业的教学队伍，以引领学校的教学改革，提升学校的教学质

量，满足学生的发展需求。

案例

蔡林森，江苏省泰兴市洋思中学原校长，开创了学生自主学习的课堂教学模式和“洋思经验”，在全国掀起了“学洋思”风潮。2006年，他退休后来到河南省沁阳市永威学校担任校长。一年多的时间，该校面貌焕然一新，一跃成为当地名校。

蔡林森来到永威学校的第二天就开始听课、评课、检查学生作业；第三天制定了“评课标准”和“讲课制度”，发到每一个教师手中；第四天，组织全校教师进行赛课，他听一节、评一节，具体指导教师教学。三个多月的时间，蔡林森组织了三次赛课，他累计听课、评课300多节，最终他把永威的教师队伍带上了路。通过赛课，永威学校形成了“先学后教，当堂训练”的新教学模式，教师确立了新的评课标准，形成了新的备课方式，学生掌握了自主学习的方法，养成了自主学习和读书的习惯。蔡林森通过永威学校把整个沁阳市的教育激活了。全市121名校长已有290人次，4459名教师已有11000人次，先后到永威学校封闭培训。经过培训的学校，都开始采用“先学后教，当堂训练”的方式，其他校长都像蔡林森那样评课。过去那种不痛不痒、只讲好话、走过场的评课方式没有了，新课改推进得热火朝天。在焦作市6各县市中，沁阳原来的考试成绩排在倒数第二位，现在排在第一位。沁阳市教育局一位副局长说，蔡林森来到永威，沁阳全市校长、教师的教育观念前进了10年到20年。沁阳市委、市政府把蔡林森这个民办学校的校长当成一块宝。

从这个案例我们看到，学校的教学改革取得巨大成效离不开校长的巨大努力。正是因为蔡校长在教研中发挥带头人、组织者、建设者、指导者的作用，才让学校教学工作的开展取得巨大的成功。无论是学校整体教学改革，还是教研团队建设，校长都要亲自参与，做一个专业的参与者，而不仅仅是教研的旁观者。校长要时刻牢记自己是第一责任人，要善于发现教研存在的问题，采取有效措施，带领团队成员积极推动课程改革，促进教师专业发展，这是学校发展的有效途径。（参见孙瑞欣《校本教研的7个关键点》，西南师范大学出版社2013年版。）

二、农村学校的校长推动教研团队成员的专业发展

校长是教研团队建设的第一负责人，教研团队是学校教研的引领力量，教研团队成员的个人专业水平直接影响到教研工作的质量。一个或者多个组织和管理能力强的团队成员，可能直接推动学科教研的发展并使其取得很好的成绩。校长要认识到教研的价值所在，营造浓厚的教研氛围。

（一）营造浓厚的教研氛围

校园本来就是读书的地方，应该充满书香。教研团队成员作为教师需要读书，作为研究者更应该多读书，广征博采，增加自己的知识储备。校长要对营造阅读环境、供给图书、交流研讨给予支持，确保学校形成浓厚的读书氛围，并推动教师读思悟结合，进而提升教师专业理论修养。

有这样一个案例：1999年，《中国教育报》记者发现日常编发的大量来稿中，上乘之作常来自同一所学校，因而专程到该小学——海安县实验小学进行采访。结果发现，在课程改革启动时，该校已经拥有江苏省特级教师3人，市县小学学科带头人、骨干教师50多人，占了全县教师的近三分之一。一个县级实验小学能取得这么辉煌的成绩，靠的是什么？

在该校前任校长、特级教师金沙先生的《带一袭书香进校园》这篇文章中，我们找到了答案。文中金沙先生写道，在20世纪60年代前后，学校的条件不如现在，却办出了少有的辉煌。当时的校长叫间洁，他的一句名言流传至今，“有本事没本事，《江苏教育》见分晓。”读书、教研、写作当时在学校蔚然成风，因而产生了许多在全省有影响力的教师。正是这一发现让金沙先生认识到了文化建设的重要性，他提出了“书生本色”的口号，提倡教师要多读书。他曾对老师们说：“读应当求‘气’（书卷气）不求‘器’（功利器），气韵足了自有器。”在他的带动下，教师们读书、

写作的热情高涨。20世纪末，学校创下了在《江苏教育》连续23期发表30多篇文章的奇迹。21世纪初，该校的华应龙、翟书烈、焦顺华等教师先后被评为江苏省特级教师，贲友林、仲剑锋、储冬生等几位教师相继在全国教学观摩比赛中获得一等奖，学校被中央教科所的专家赞誉为“学者型教师的摇篮”。

从这则案例中，我们能够得到这样一些启示：办好所学校，必须有一个精通业务、重视教师专业发展的好校长。提倡多读书是造就一个专业化程度高的学者型教师队伍的前提，也是营造校本教研氛围的一剂良方。

（二）规范化开展教科研工作

一个学校教研团队能否有效开展活动，活动开展得怎么样，主要取决于校长的态度和作为。目前，农村教研团队开展工作缺少目的性，从活动主题的选择到活动内容的布置较为随意。分析这些现象，联系农村教研团队教研活动的计划安排、活动实施、总结评价的全过程，我们发现教研工作中存在如下不足：教研工作缺少规范化的管理，整体活动安排缺少计划性，活动的安排重现场展示轻后续反思与实践。

1.教研活动的策划与开展

校长作为教研活动的总设计师，要引导教研团队从已有的经验出发，重新审视教研活动，发现活动中存在的不足，学会合理组织活动，保证教研活动合乎教师学习的规律，确保教研工作被教师接受。教研活动是否有效在于教研活动制度是否完善，关键看组织者是否具有有效策划的意识，是否具有落实有效策划的能力。首先，要结合学校整体教研需求，制订教研团队活动计划和实施方案，使团队成员按照计划有序开展活动，做到教研工作有的放矢。让每一位团队成员和学校的其他教师对于学校的教研工作有整体把握，方便教师在日常的教学工作中观察，积累经验。其次，重视教研活动组织和开展过程中的分工问题，使教研团队分工明确，保证活动按流程有序开展。最后，关注教研活动整个过程的科学性、有序性、规范性，以积极的态度解决问题，改进传统的教研模式，加强对教研活动的组织策划，组织教研团队成员有效开展教研。活动的形式要有利于教师的交流和研讨。

2.教研团队的交流与评价

教研团队成员的交流目的在于总结经验成果，促进学习推广。通过组织专题的交流研讨会，将教研团队成员集中起来，进行限时“述职”（也可分类集中）。“述职”不求全面，但求真实和有特色。一可以通过群众关注，检验汇报介绍的真实性；二可以将好的经验做法宣传推广到其他同行学校中，以进一步推动研修工作的扎实开展。同时，通过交流，进一步明确有效教研活动的方式，充分发挥先进教研团队的示范引领作用，促进教师专业发展，不断提高课堂教学效果，使教研团队成为具有研究、质监、协调、创新功能的学习型团队组织，使教师在与同伴的“真诚互动”“多轮反思”中成为真正意义上的研究者、建构者、创造者。

注意发挥特级教师、骨干教师和名师的作用（一些地区近年来组建名师、特级教师讲学团巡回讲学就是种好形式）。学校还可以通过给教师提供上公开课、研讨课、说课评课、专题讲座、教学案例交流、论文交流、参加上级有关部门组织的学术研讨会等机会，让每位教师展示才能，营造校本研修氛围。

校长也要将校本教研工作纳入教师绩效考核中，让教师干得有奔头：树立校本教研典型，让教师学有榜样；定期组织召开教学研讨会，让优秀教师做教学经验分享讲座；给予校本教研成果显著的教师奖励，包括物质奖励和精神奖励；把校本教研成果作为评选骨干教师、选拔中层干部的主要条件等。

三、农村教研团队文化建设的途径

“团队”即为了实现某一目标由相互协作的个体所组成的正式群体。团队合作让教师具有明确、共同的目标，大家在迈向目标进程中形成积极向上的凝聚力。因而，团队成员需要培养合作意识，加强和同伴的对话与交流，分享教育教学经验，发挥自身特长支持和协助同伴解决问题，这样也能为个人的专业发展源源不断地补充活力，从而推动教研团队建设和发展。合作是教研团队建设的基础，农村教研团队需要建设以合作为基础的团队文化氛围，形成积极、平等、合作、互助的团队核心精神，这样才能保证团队健康、持续发展。同时，团队文化需要团队全体成员共同参与打造，也需要时间和实践来锤炼。

（一）擦亮精神文化的底色，探寻教研的价值

教研团队精神文化主要体现为全体成员的共同价值观念，这种价值观念是团队教研文化的核心，只有厘定和完善共同的教研价值观念才能保证教研文化的健康发展。价值观念发挥着引导的作用，能够促进教师的专业发展，促进学生的健康发展，促进教学质量的全面提升。教研团队的管理应该是民主、求真务实的，是以人为本、注重提升生命价值的，是基于实践反思、不断创新、与时俱进的。在民主的环境下，教研团队工作的积极性和问题意识才能不断被唤醒和激发，探究和解决问题的能力才能不断提升，从而激发教师参与教研工作的激情，培养团队成员的职业精神。

要加强引导，让学习成为教师的需求。教学研究需要理论学习，理论学习要应用到实践中，要用团队成员的实践示范和理论展现激发大家学习的热情，使学习成为教师生活的一部分。理论学习可以促进实践的改进、认识的提高，帮助成员从一个问题看到一类问题，从问题出发探寻问题背后的本质，提升解决问题的能力。

（二）用制度文化规范教研团队，维持良好的工作秩序

农村教研团队成员来自不同学校，团队成员各自专业水平有差异，发展愿景各不相同，在这种情况下要想保证团队的长远发展，就需要用制度规范大家的行为。教研团队是“去行政化”的组织，应在民主的基础上制定制度。制度制定后，团队活动遵照执行，实行有效的制度化管理。

1. 制定职责范围

团队制定制度的目的主要是提升成员参与活动的自觉性和积极性，改变教师拖延、不主动、甚至懒惰的活动习惯。制度要明确在一定时期内成员要达到的目标，确定成员应承担的责任，这样有利于成员合理制定个人发展目标，规划自己的专业发展，协调好团队工作和个人工作的关系。

2. 引导教师自主学习

教师要不断开展自主学习，提升自身专业素养。为此，制定制度必须关注成员自身的学习，设定不同的交流栏目，并提供展示平台，让教师在活动之前就进入学习状态，为活动做好充分准备。以观课议课活动为例，其目的是挖掘教师潜力，使教师能够解决教学中的细节问题，在解决问题中他们能感受个人的成长，从而推动教师在活动之后的学习。在团队建设的初期要通过制度使成员不做旁观者，真诚面对同伴的问题和需求，通过团队成员的磨合，最终形成合作、协商的氛围。

3. 推动教师发展

教研制度制定要科学合理，富有人文关怀，保护教师的积极性，激发教师创造的潜能。如根据教师的年龄、教学经验、兴趣爱好、地域特点组建活动小组，教师可以根据自身特点开展形式多样的活动，实现团队活动效果最佳。要重视成员之间交流对话的过程，在平等的氛围里实现教育智慧的碰撞，而不过于追求物化的成果。

（三）倡导平等对话，营造平等包容的氛围

团队之间的交流往往会出现一些常见问题，面对问题时，大家要一起贡献智慧，分享自己的思想。贡献和分享都需要成员有积极表达的意愿，给予参与者足够的表达机会，营造平等对话的氛围。对于教研活动而言，活动中教师的交流是“对事不对人”，交流的目的是促进教师教学的改进。

1. 教研活动中倡导平等对话

平等的对话关系，改变了传统教研活动中单向信息分享和观点表达的方式，形成真正的互动和交流，产生真正的讨论。在平等对话关系中，所

有参与者都是平等的求知者，大家围绕有价值的问题或现象展开讨论，相互讨论、倾听、释疑、追问，关注彼此的意见，追求共同进步和发展。平等对话要求教师一方面专注倾听并适时回应，另一方面要主动探寻和发现，促进思想展开对话。

建立这种民主平等的对话关系，既需要成员充分意识到自身的独特性，克服唯唯诺诺、消极接收的心态，也需要防止出现以自我为中心、拒人千里之外的错误倾向。

2.准确把握差异性对话

由于教师所处区域和学校的教研文化存在差异，这种差异往往影响团队教师思考问题和解决问题的方式。差异性对话就是要引发互动，在交流中打破自身固有的看法。通过交流，了解自身教研的状态，把握自身教研的起点和位置，精准解决问题。

借鉴教育家维果斯基提出的“最近发展区理论”，在现在的教研活动中，我们要根据教师的具体情况提出相对合理的方法，针对教师现有的教学水平和教学能力，根据教师的专业发展提出建议，使建议既立足于实际，又走在现有的教学实践前面。

3.促进不同区域学校的对话

县域内学校因地理位置不同，教学环境、资源配备、师资、学生学情差异明显，为了寻求发展，跨区域学校的对话十分必要。但对话要从各学校的实际情况出发，教师要解决自己和与自己处境相同教师面临的问题，踏踏实实谋进步。来自教科研弱校的教师不可妄自菲薄，不能把“我们学校不行”挂在嘴边，来自教科研强校的教师也不可妄自尊大，教师要共同探寻教育之道。

4.尝试跨学科对话

教研活动必须立足自身所处的实际情况，农村学校规模小，同学科、同年段教师少，教师常感到无法开展教研活动。好的教育是相通的，教研团队成员可以跨学科观察、研究其他教师如何设计活动，如何管理学生，如何处理教材……根据自己经验给教师提供帮助，吸收其他课堂教学优点，发现教学中的共性问题，促进个人的专业发展。

5.珍惜引领式对话

通过回望农村学校业务骨干的成长经历我们可以发现，在他们的成长过程中，他们都有到大学参加培训的经历，这一经历开阔了教师的视野，促使教师对原有的教学进行系统地回顾，反思以往教学经历，重构自己的教学理念。教师新理念的执行和落实往往经历漫长的过程，需要得到同伴的反馈和纠正。团队成员与业务骨干交流时，应该“有备而来”，即准备好自己的疑惑，寻求专家的指引。

为谋求自身发展，团队成员还应积极寻求教科研专业人员的指导，借助他们的信息资源优势，开阔视野，获得更多锻炼、交流、展示的平台；利用他们的理论优势，指导课堂教学实践，提升研究的层次；敢于暴露问题，请他们寻找对策，理清思路；促成专题研讨，聚焦专题，集中智慧，寻求方法。

（四）弹性评价，保证团队的活力

合理的评价制度是推动教研制度文化发展的关键。教研评价制度的缺失和不完善，造成教研工作干好与干不好的区别不大。对于去行政化的农村教研团队，更需要制定弹性的评价制度，调动成员参与团队建设的积极性，使他们能主动承担团队的工作，挑战富有创造性的项目，进而彰显团队工作的价值。

作为团队的领头人，要把成员的优秀表现及时反馈到成员所在学校，肯定他们所做工作的价值。团队活动要做到有迹可循，每次活动后都要有专人及时做好文字和图片的整理，做好团队工作的宣传，尤其要用好信息技术手段。

提供展示平台，引入同行的评价。团队的最终发展目标是促进成员的专业成长和本地学科教学的发展，因而要给成员成长提供机会，通过同行的评价使教师发掘自我的教研能力和水平。团队要多方面为成员争取展示的机会，可以和县教研室联系开展主题活动，也可以和市县优秀学校联谊，还可以优先推荐成员参加县级比赛。通过多方面展示，促进教师迅速成长。

四、培养农村教研团队的合作能力

每个教师都是与众不同的个体。教研团队成员在工作中，要尊重同事，要允许集体内部有不同的声音，要欣赏有才能的人，并向他们学习，要将个人的发展目标与教研团队的发展目标结合起来，如此，才能与他人一起共同缔造更加优秀的教研团队。

（一）以尊重为前提

在一个团队，个人要想适应团队的环境，与个人对待团队的态度和与团队成员交往的方式有关。同时，团队的人际氛围及心理环境也会影响团队成员相处的方式。“我喜欢我所在的团队，因为我在团队受到尊重”，“我喜欢我所在的团队，因为我被团队的每个成员所信任”……在团队中，成员的心理需求能否得到满足，直接影响其与团队其他成员能否和谐共处。一个人在团队内，如果学会了尊重他人、信任他人、欣赏与爱他人，那么，他肯定会获得团队成员友好的人际支持，获得心理与情感的力量，其与团队自然会和谐发展。一个团队如果营造出尊重、信任、欣赏与爱的人际环境，团队成员身处其间，会产生一种归属感，就会喜欢并热爱上这个团队。

马斯洛的需求层次理论认为，人有尊重需求和自我实现的需求。尊重需求反映每个人在人际交往中都希望自己被人尊重。一个团队，如果领头人尊重成员，成员会认为领头人具有人格魅力，从内心产生对领头人的尊重；如果成员之间互相尊重，团队便有了凝聚力和向心力。

每个人的内心深处都渴盼被人尊重、被人欣赏。尊重，如同一阵春风，拂过人的心田，让人产生美好的情愫。教育最需要尊重的艺术。一个团队，教师如果能感觉到自己受尊重，就会产生积极的内驱力，并萌发为团队发展贡献自己力量的愿望；教师与教师之间互相尊重，教师团队便会产生激励奋进的力量。

（二）建立共同愿景

教研团队想要持续不断地发展，必须有长远的规划与蓝图。这种规划与蓝图应符合学校和团队实际发展情况，满足教师的发展前景。这种共同愿景真实可感，让教师对团队发展前途充满信心，愿意为之努力奋斗。如果建立了共同愿景，教师便会因愿景的吸引力与感召力而调整自己的价值判断与工作状态。

共同愿景最大的优点是能够激发教师从事教育教学的内驱力，使教师重新发现自我，完善自我，追寻自我的价值。一个真正优秀的教师团队能通过共同愿景的引领，让每个教师找到教育的尊严感与价值感，使那些对教育缺乏深层次的体验与认识，缺乏教育生命体悟，还不能将满腔热忱投入到教育中的教师在群体氛围的感染与熏陶下，认识到个人存在对集体的价值，从而产生积极向上的追求。

当教师发现为了团队的共同愿景，自己必须创造并发挥自身的价值时，便会与团队实现价值共建。价值共建即教师个体价值与团队价值融为一体，它们互相影响，互相提升。只有每个教师在团队中都能找到价值与尊严，团队才会永葆生机与活力；只有团队拥有明确的追求目标和价值体系，教师才会产生拼搏的欲望与动力。教师的个体价值在团队中得以彰显，团队的价值通过教师的创造而实现。没有团队价值，教师的个体价值就缺乏展示的空间；没有教师的个体价值，团队价值就缺乏魅力与光彩。

（三）鼓励多元并存

一个团队应该鼓励多元并存，永葆团队的创新与活力。团队的多元并存体现在团队能给成员提供充分展示其个性的空间与舞台。团队要实现核心目标与价值，绝不能以抹煞教师个性为代价。一个真正具有生命力的团队应充分保障每个具有个性的人在团队中的充分发展。不同的思想会冲击团队固有的价值观念和思维体系，使团队成员不断地反思和调整策略，最终走向成功。

“海纳百川，有容乃大。”团队的多元并存体现的是团队开放的格局和包容的心态。不同个性、不同风格的并存，会带来思想的碰撞，观点的交融，团队也会因此呈现出多姿多彩、活力四射的风貌。一个团队如果容纳不下多种声音，这个团队就很难发展壮大。

团队中的每个人都应该宽容，允许个性存在。教师与教师之间对个性的包容，才会形成团队强大的文化力量。新东方教育集团总裁俞敏洪曾谈到过一次应聘员工的故事：一个着装奇异、外表看似随随便便的小伙子来应聘，第一眼目睹小伙子的形象时，他心里“咯噔”了一下，但在与小伙子交流一阵后，却发现他是一个思想前卫、很有创意的人，而新东方正好需要这样的人才。于是，小伙子被留在了新东方。上班后，小伙子仍保持自己外在形象的本色，但新东方团队以包容的心态接纳了他。俞敏洪认为，正是因为新东方一直尊重教师的个性，所以团队才会有源源不断的活水。

（四）倡导能者为师

“三人行，必有我师焉。”孔子在两千多年前就指出，多个人同行，其中必定有我们的老师。如果我们能够怀着谦虚的态度，向身边的人学习，那么，我们的知识水平与能力都会有所提高。随着经济的发展和社会的进步，教师作为塑造人类灵魂的工程师，其知识与能力水平必须与时俱进，才能跟得上时代的步伐。因此，教师必须养成爱学习的习惯。学习的途径是多种多样的，向身边的同事学习，就是教师不可忽视的学习渠道。

团队要倡导能者为师，为优秀教师提供展示的机会。一位优秀教师在无论干什么都论资排辈的环境中是没有市场的，一个优秀教师在一个专讲人情关系的环境中也是没有市场的。一个团队要想得到发展，必须形成“能者上、庸者下”的局面，让能干的教师有奔头，有盼头，有想头，大家才会有学习的榜样、追求的目标、努力的方向。

教研团队要为教师提供学习与展示的机会，让有经验的教师多分享教育教学经验与智慧，让有专长的教师充分发挥自己的专长，用制度与激励措施激发优秀教师的工作积极性。

五、培养农村教研团队的执行力

2020年寒假过后，因为新冠肺炎疫情，学生不能按时到校上学，安徽省教育厅按照“停课不停学”的精神，启动“空中课堂”教学，组织全省优秀教师录制视频课例，为学生在家学习提供指导。濉溪县一位青年教师承担了二年级下册语文《邓小平爷爷植树》的教学工作。这个工作可以概括为“紧、大、繁、细”。首先是时间紧，短短一周时间就要完成两个课时的录制并确保教学的零失误。其次是工作量大，个人备课、备课团队成员修改、现场评议、备课团队网络打磨、录制上传视频课例，一系列的工作可以说是环环紧扣，每一个环节都要投入大量的精力。再次，工作繁琐，每一项工作都需要关注细节的处理，如教学设计细节的琢磨修改、课件的制作、视频的录制剪辑等。最后是工作要求细致，大到整体架构的设计，小到语言的表述，都要努力做到最好，视频播放是单向的，没有补救的可能，所有环节都要一一过关。

视频录制工作的顺利完成，得益于上课老师扎实的教学基本功，同时教研团队的支撑也发挥了很大作用。教研团队每一个成员都深入钻研、分担任务、贡献智慧，共同提升教学设计的质量，形成合力突破工作难点。团队执行力的培养不是一蹴而就的，而是在日常教研工作中逐渐形成的。就是这样的执行力，让分散在不同学校的教研骨干力量拧成一股绳，大家攻坚克难，共同为本地教研贡献力量。结合此次活动，下面谈谈如何提升教研活动的执行力。

（一）汇聚优秀的人才组成团队，奠定执行的基础

没有优秀人才，团队就无法持续健康发展。教研团队要解决基于课程

实施过程中出现的问题，为一线教师答疑解惑，就必须具备解决问题的前瞻性，走在教师前面，研究教学潜在的难点并寻找解决的方案。教研团队提供的问题解决方案要具备示范性，为教师提供可供研讨和学习的样本。教研团队提供的问题解决方案要具备实践性，要方便教师在教学中采用。这就要求团队的成员本身教学素养高，对教学有自己独到的见解，拥有丰富的课堂教学经验，同时要善于学习。前文中《邓小平爷爷植树》的备课活动，濉溪县级教研团队汇聚全县学校的优秀人才，发挥团队成员的个人特长，相互学习、相互合作、相互分享。本次备课团队的成员也是濉溪县教研团队的核心成员。

优秀教师在教研活动中有很强的代入感，在教学研讨的各个环节能很快进入教学情境，领会上课教师的理念和思考，设身处地去探寻问题，挖掘问题的根源，专注解决教学问题。团队成员形成的学习和研究共同体，每次研讨都是对原有经验的突破，触及教学的核心，激发新的教学思考。因为教研团队的成员本身就具有较强的教科研能力，在相互的智慧碰撞中必然产生高质量的建议，为活动成功奠定基础。

（二）确立团队核心，形成执行的中坚力量

教研团队各成员是平等的合作者，每个人都有表达见解的权利，每个人的意见都应被尊重。同时，每位教师又是独立的个体，有着自己独特的经验和对问题的见解。但如果缺少统一的意见，众说纷纭，则会导致教研效率低下。如何协调不同见解，最终达成共识，是团队需要解决的问题。因此，团队需要领头人，这个领头人就是团队的核心，能够甄别、判断、选择、优化意见，确定最终的行动方案。

教师的试教环节结束后，来自全市的几位专家进行评议，并指导修改。此时，团队核心负责及时记录梳理大家提供的参考意见，每一个环节都要和专家进行确认，保证充分领会专家的指导意图。作为团队核心，应先理解意图，整理出清晰的教学思路，以确保后续修改有序进行，有效执行专家的建议。其他成员认真聆听，不做多余发言，只针对个别有争议的

问题说出之前的思考，表达自己的见解，在吸收专家意见的同时进行反思。反观缺乏核心的教研团队，个性化见解多，意见难以达成共识，专家的意见没有人梳理，往往不得要领，直接影响交流的效果。由此可以看出团队核心的组织协调和决断能力直接影响团队教研工作的开展。

在团队内部的研课活动中，核心成员担任“领说”之职，按流程逐次呈现问题。领头人先解读并给出解决方案，其余成员研讨、补充并给出建议，领头人做最后的总结，形成最终方案。这样可以在有限的时间内解决问题，目标明确，节奏顺畅，不在教研活动中耗费过多的精力，每个成员都能获得不同的成长。

（三）以问题为导向，明确分工，让团队工作执行到实处

教研团队活动的开展往往以问题为导向，研究始于问题，问题是团队活动的出发点，并且问题的设计与学校、教师的教学实践直接联系。问题的解决是系统性的工作，需要教研团队成员分工协作，成员要相互信赖、相互协调，共同完成任务。团队按照任务，设计好完成的任务的时间节点，依序执行。研究任务要求成员在紧迫的时间内调动积极性寻求对策，解决问题。时间节点一到，成员展示成果，集中反馈。团队成员要利用网络的便捷，实现线上线下结合的模式，随时随地进行交流，及时解决出现的问题，调整研究的策略。同时，线上线下相结合，给教师提供更多的反思时间，提升了反思的质量，使教师重新审视自己的教学。

教研活动工作繁杂，成员之间要分工协作。接受任务后，成员各自研读，然后线上交流确定教学方案，形成教学设计，教师再对设计进行修改完善；教学准备，分工制作微课、课件、录制音频；磨课研课，线上线下，全程参与；录制视频，多轮审看，寻找问题以便及时纠正。细致的分工可以保证活动有条不紊地开展，最终确保规定时间完成任务。分工不是分割，而是让成员之间更多地支持与合作，最终凝聚成一股共同奋斗的力量。当新的任务来临时，这种力量会推动大家义无反顾地投入到工作中。团队发展需要这种力量。

教研团队成员要围绕共同的发展目标，相互沟通、交流、分享，形成和谐的人际关系。成员在知识结构、能力水平、思维方式、认知风格等方面都有差异，团队要利用群体成员的差异，发挥个人所长，实现优势互补，共同达成团队的发展目标。

（四）及时反思，为未来教研活动的开展储备力量

教研虽然活动结束了，但对教研活动的思考不应停止。一次教研活动或者一次教研任务完成后，要回头总结执行任务时的得失，要反思研讨活动中存在的教学短板，寻求解决的路径。及时总结归纳经验，可以为未来活动开展积累宝贵的经验。

从团队的持续健康发展的角度进行反思，前提是教师要有对教学的热爱，没有对教学的执着追求，就不会有夜以继日、不以为苦的工作状态。其次是教师在平时的教学中要养之有素，不断拓展更新自己的知识，深入了解课程、教材、学生，循着“实践—反思—再实践”的过程检视教学问题，提升能力。最重要的是，团队成员要在各自学校聚集人才形成团队，引领团队发展，为全县的教研提供源源不断的后备力量。研讨是思想的交锋，需要充足的前期准备工作才会有思想的“碰撞”。教师尤其是青年教师应团结协作，敢于质疑，将新的教学认知吸收转化为自己的教学理念。探寻解决问题的过程，体现出教研团队成员攻坚克难，执行力强，也在不知不觉中增强了团队的凝聚力。

一次教研活动的有效开展，让我们看到了团队建设的方向。当团队每一位成员有着共同的目标，并为之展开交流合作分享，团队就会持续健康发展，成员也会从中找到教研的快乐。

参考文献

著　作:

[1]B.A.苏霍姆林斯基.给教师的建议[M].杜殿坤,译.北京:教育科学出版社,1984.

[2]陈大伟.观课议课与课程建设[M].上海:华东师范大学出版社,2011.

[3]陈大伟.教育科研与教师成长[M].上海:华东师范大学出版社,2008.

[4]陈大伟.校本研修面对面[M].北京:中国轻工业出版社,2008.

[5]成尚荣.课程透视[M].上海:华东师范大学出版社,2017.

[6]季平.新课程背景下教研员专业发展指南[M].北京:教育科学出版社,2014.

[7]吕方俊.小学语文教学基本功训练:说课及实践[M].长春:东北师范大学出版社,1999.

[8]李笑非.课例研究:从规范走向常态[M].上海:华东师范大学出版社,2018.

[9]孙瑞欣.校本教研的7个关键点[M].重庆:西南师范大学出版社,2013.

[10]吴忠豪,沈大安.磨出好课 小学语文卷[M].北京:高等教育出版社,2012.

[11]余家友.观课、议课问题诊断与解决 小学语文[M].长春:东北师范

大学出版社,2011.

[12]赵才欣.有效教研:基础教育教研工作导论[M].上海:上海教育出版社,2008.

[13]张丰.校本研修的活动策划与制度建设[M].上海:华东师范大学出版社,2007.

[14]张丰.从问题到建议:中小学教育研究行动指南[M].北京:教育科学出版社,2013.

[15]浙江省教育厅研究室."学为中心"教学改革的浙江实践(上、下)[M].杭州:浙江教育出版社,2017.

[16]张扬,张建中,陆少明,等.有规矩 成方圆:区域推动以校为本教研制度建设[M].上海:华东师范大学出版社,2010.

期刊论文:

[1]代蕊华,万恒.教师职业生涯发展中的校长领导力研究[J].教师教育研究,2011(5):27-31.

[2]刘金芝.校长在教师团队建设中的作用[J].黑龙江教育(小学),2012(6):11-12.

[3]娄小明.QQ研课:一种网络化教研的新形式[J].上海教育科研,2010(1):53-56.

[4]沈美华.校际协作教研:教师专业成长的新空间[J].上海教育科研,2012(7):47,62-63.

[5]斯苗儿.教研活动策划的关键要素[J].人民教育,2010(7):43-46.

[6]王洁.在支持教师成长中成就自己[J].人民教育,2011(11):47-50.

[7]吴登文.从"2+2"评课模式谈起[J].上海教育科研,2010(5):77-78.

[8]吴忠豪.关于磨课的几点思考[J].小学语文教师,2018(6):12-14.

[9]叶升.提升农村学校教科研水平的实践策略[J].现代教育科学(小学教师),2010(2):20,100.